Das Ostpreußenlied

Land der dunklen Wälder
Und kristallnen Seen,
Über weite Felder
Lichte Wunder gehn.

Starke Bauern schreiten
Hinter Pferd und Pflug;
Über Ackerbreiten
Streicht der Vogelzug.

Und die Meere rauschen
Den Choral der Zeit.
Elche steh'n und lauschen
In die Ewigkeit.

Tag ist aufgegangen
Über Haff und Moor.
Licht hat angefangen,
Steigt im Ost empor.

ERICH HANNIGHOFER, UM 1930
(geb. 1908 in Königsberg/Ostpreußen,
vermißt 1945 in Rußland)

Küchenmeister
HARALD SAUL

Noch mehr Familienrezepte aus

OSTPREUSSEN

Geschichten, Personen und Rezepte
einer unvergessenen Zeit

BuchVerlag
für die Frau

Der Text dieses Buches wurde in alter Rechtschreibung belassen, um die Authentizität der persönlichen Erinnerungen zu bewahren.

ISBN 978-3-89798-331-1

Titelabbildung: Königsberg, Blick auf die Börse
Bildnachweise: S. 119
Gestaltung, Satz und Reproduktion: Michael Puschendorf, Uta Wolf
Gesamtherstellung: Salzland Druck, Staßfurt

Printed in Germany

www.buchverlag-fuer-die-frau.de

Inhalt

Vorwort

Als im Frühjahr 2001 der erste Band mit „Familienrezepten aus Ostpreußen" erschien, erhielt ich nur wenige Wochen später eine Flut von Briefen, Anrufen und Einladungen von interessierten und begeisterten Menschen, fast alles ehemalige Ostpreußen mit Leib und Seele – und mit sehr, sehr viel Herz.

Daraus wuchsen Freundschaften, die bis heute bestehen; und immer noch fahre ich quer durch Deutschland und besuche Menschen, die sich die Erinnerungen an das Vergangene, ihre Kindheits- und Jugenderlebnisse bewahrt haben. Dann wird nicht nur in oft langen Gesprächen über die ostpreußische Heimat gesprochen, sondern es werden auch die traditionellen Gerichte gekocht und die Rezepte weitergegeben. Dafür sage ich großen Dank, auch für die Gastfreundschaft und Herzlichkeit, die ich bei meinen Besuchen erfahren durfte.

Die ostpreußische Küche ist bekannt für ihre Vielfältigkeit und die harmonische Verbindung der Geschmacksrichtungen „süß", „herzhaft" und „sauer". *Masurischer Sauerbraten*, *Linsensuppe mit Backpflaumen* oder *Mehlklöße mit saurer Soße* standen einst in Omas Küche regelmäßig auf dem Speiseplan. Heute findet man diese Gerichte kaum noch bei uns.

Bei *Königsberger Klopsen*, *Beetenbartsch*, *Schmandschinken*, *Buttermilchsuppe* und *Kirschwaffeln* werden sicher bei vielen Kindheitserinnerungen wach, und aus selbstgesammelten Waldbeeren, Pilzen und Kräutern lassen sich heute köstliche Ergänzungen zubereiten.

Kommen Sie mit auf eine Reise durch Ostpreußen: Seien Sie gespannt auf neue Familiengeschichten samt dazugehörigen Fotos und historischen Ansichten, erleben Sie dramatische Schicksale, lassen Sie sich aufs Neue verzaubern von der Atmosphäre eines weiten, stillen Landes und seiner einstigen charaktervollen Bewohner – und freuen Sie sich auf die kulinarischen Spezialitäten …

Weida, im Sommer 2011

Harald Saul

OSTPREUSSEN
(in den Grenzen von 1939)

Familie Andersen: Eine über 100jährige Familiengeschichte in Memel

Familie Andersen im Jahr 1918

Hintere Reihe von links nach rechts: Geschwister Eduard (1905–1945), Gerlinde (1890–1945), Heinrich, damals Soldat (1899–1943), Alwine, später verh. Gebauer (1895–1983), Charlotte (1897–1945)
Vorn: Mutter Hermine (1868–1945), Vater Wilhelm, Seilermeister (1861–1945)

Die damals 82jährige Alwine lernte ich bereits 1977 in Gera kennen. Wir wohnten im gleichen Haus, und eines Tages hörte ich sie im Treppenhaus mit einer Nachbarin reden. Sofort erkannte ich ihren ostpreußischen Dialekt und sprach sie an. Noch am gleichen Abend erzählte sie mir die bewegende Geschichte ihrer Familie, der Seilermeisterfamilie Andersen aus Memel.

Nachdem ich aus Gera weggezogen war, verlor sich leider der Kontakt. Bis zu einem Tag im Juni 2008: Als ich während einer Radtour an der Elster Rast machte, setzte sich ein Ehepaar an meinen Tisch und fragte mich, wie man am besten weiter die Elster entlangfahren könne. Plötzlich fragte mich die Dame, ob ich nicht der junge Mann sei, der die Oma damals über Memel „ausgequetscht" habe?

Blick auf Memel

Die Wolken, abendrot-umsprüht,
beglückt vom Himmel schauen,
wie licht ihr Spiegelbild erglüht
im Haff, dem dunkelblauen.
Kaum, daß die Wasserflut sich regt,
wenn sie ein Windhauch küßte.
Ein Segel schimmert, unbewegt,
wie wenn's den Weg nicht wüßte.
Versonnen steigt die Nacht herauf,
Goldsterne im Gewande.
Nun glühn in hundert Hütten auf
die Lichter rings im Lande.

FRITZ KUDNIG ***(geb. 1888 in Königsberg/Ostpreußen, gest. 1979)***

Es stellte sich heraus, daß sie die Enkelin der 1983 verstorbenen Alwine war. Wir vereinbarten ein Treffen im Herbst 2008, und so hörte ich noch einmal ausführlich die Lebensgeschichte von Alwine Gebauer, geb. Andersen, die ihre Familie, bis auf ihren einzigen Sohn, 1945 in und um Memel verloren hatte.

Die Stadt Memel, an der Mündung des Kurischen Haffs in die Ostsee und am Flüßchen Dange gelegen, verdankte ihren Namen der Memelburg, einer Ordensburg, die um 1250 dort errichtet wurde. Zur gleichen Zeit wurde die Stadt gegründet; sie war damit die älteste Stadt Ostpreußens. Im 14. Jahrhundert gingen Burg und Stadt an den Deutschen Orden über. Im Zuge mehrerer kriegerischer Auseinandersetzungen zwischen dem Orden und Polen, und später während des Schwedisch-Brandenburgischen und des Siebenjährigen Krieges wurde Memel bis ins 18. Jahrhundert hinein immer wieder geplündert und niedergebrannt. 1854 vernichtete schließlich ein Großfeuer weite Teile der Stadt. Von diesen Katastrophen erholte sich die Stadt zum Teil nur sehr langsam.

1525 kam Memel zum Herzogtum Preußen, das im Zuge der Reformation zum ersten evangelisch-lutherischen Staat der Welt wurde. Während der Napoleonischen Kriege wurde die Stadt wegen der Besetzung Berlins zur provisorischen

Memel, Theaterplatz mit Blick zur Holzstraße, um 1900

Hauptstadt des Königreichs Preußen, ab 1871 gehörte sie zum Deutschen Kaiserreich. 1923 wurde das Memelland von Litauen besetzt. 1939, wenige Monate vor dem deutschen Angriff auf Polen, gab Litauen die Stadt zusammen mit dem Memelland an Deutschland zurück. Während des Zweiten Weltkriegs wurde Memel durch Luftangriffe und Kampfhandlungen schwer getroffen. Im Oktober 1944 begann man damit, die deutsche Bevölkerung zu evakuieren, am 19. Januar 1945 wurde die fast menschenleere Stadt von der Roten Armee übernommen. Memel ist heute das litauische Klaipėda.

Die Vorfahren von Alwine Andersen waren 1807 von Berlin nach Memel gekommen und arbeiteten als Bedienstete des preußischen Königs Friedrich Wilhelm III., der seine Residenz 1806, als Preußen von napoleonischen Truppen besetzt war, nach Memel verlegt hatte.

Der Großvater erwarb ein Haus am Theaterplatz, auf dem gut hundert Jahre später, 1912, der berühmte Simon-Dach-Brunnen mit der Ännchen-von-Tharau-Skulptur errichtet wurde. Dieses Haus brannte während des großen Stadtbrands 1854 bis auf die Grundmauern nieder, so daß die Familie ein anderes Haus in der Nachbarschaft beziehen mußte. 1858 eröffnete der Großvater eine Seilerei, die später sein Sohn Wilhelm übernahm und bis 1945 betrieb.

Memel, Dange mit Börsenbrücke, um 1900

Als zweite Tochter des Seilermeisters Wilhelm Andersen und seiner Ehefrau Hermine wurde Alwine am 3. März 1895 in Memel geboren. Ihre Geschwister hießen Gerlinde (geb. 1890), Charlotte (geb. 1897), Heinrich (geb. 1899) und Eduard (geb. 1905).

Alwine hing besonders an ihrer Tante Hedwig Andersen (1866–1957), der Schwester ihres Vaters, einer später in Deutschland sehr bekannten Stimm- und Sprachbildnerin. Hedwig Andersen war als Pianistin auf dem Konservatorium in Sondershausen ausgebildet worden. Zurück in Memel lernte sie ihre Lebenspartnerin Clara Schlaffhorst kennen, von allen nur „Tante Clara" genannt. Beide lebten und arbeiteten zusammen; gemeinsam entwickelten sie eine völlig neue Methode der Atem-, Sprach- und Stimmtherapie und gründeten 1910 die erste Ausbildungsstätte für Atem- und Gesangskunst in Neubabelsberg/Potsdam (ab 1916 in Rotenburg/Fulda). Später verlegten sie die Schule nach Hustedt/Niedersachsen (1926–1942) bzw. Seefeld/Pommern (1942–1945).

Dorthin wird Alwine Gebauer mit ihrem 1930 geborenen Sohn Horst im Januar 1945 fliehen …

Alwine wurde von den beiden Damen oft nach Hustedt eingeladen und fuhr quer durch Deutschland, um die Ferien bei ihnen zu verbringen. Beide hatten eine Lese- und Rechtschreibschwäche bei ihr erkannt. Mit Liebe und Ermunterung – damals unüblichen Methoden – schafften sie es, daß Alwine 1915 doch noch die Volksschule mit Erfolg abschloß. Auch ihre vier Geschwister waren gute Schüler, was die Eltern sehr stolz machte.

Wie ihre beiden Vorbilder wollte Alwine eigentlich Lehrerin werden – doch ein Studienplatz blieb ihr versagt, da sie leicht stotterte. So lernte sie nach dem Besuch der Volksschule bei der in Memel bekannten Hausköchin des Reeders Hammerstein, Hertha Schmidtstett, das Kochen. Nebenbei besuchte sie die Handelsschule und machte einen Abschluß als Stenotypistin.

Clara Schlaffhorst (li.), Hedwig Andersen, ca. 1910

1923 lernte Alwine den gleichaltrigen Karl Gebauer kennen, der im Geschäft einer Verwandten in der Nachbarschaft die Bücher führte. Die beiden trafen sich oft abends am Simon-Dach-Brunnen, gingen ins Theater oder ins Kino. Auch die Kurische Nehrung mit den kilometerlangen Sanddünen war ein beliebtes Ausflugsziel der beiden. 1929 heirateten sie schließlich, und ihr Glück war vollkommen, als 1930 Sohn Horst geboren wurde.

Alwine Gebauer arbeitete als Hausköchin bei bekannten und wohlhabenden Leuten in Memel. Bald hatte es sich herumgesprochen, daß sie sehr gut kochen, backen und vor allem haushalten konnte. In unguter Erinnerung blieb ihr die Arbeit bei einem hohen deutschen Offizier in Memel. Entsetzt war sie über dessen Vorgehen gegen die jüdische Bevölkerung.

Im Winter 1944/45 wurden die Deutschen evakuiert, Alwine und ihr Sohn fanden liebevolle Aufnahme bei Tante Hedwig in Pommern. Dann die Schreckensnachrichten: Wenige Tage nach ihrer Abreise fiel Alwines Mann bei Kampfhandlungen gegen die Rote Armee, die unablässig vorrückte. Es sollte nicht der einzige Verlust bleiben: Auch ihre gesamte Familie und der größte Teil der Familie Gebauer starben bei verschiedenen Luftangriffen auf Memel.

Nach dem Krieg arbeitete Alwine Gebauer bis 1968 als Köchin in einem Seniorenheim in Jena und lebte dann bei ihrem Sohn, dessen Frau und ihrer Enkeltochter Hedwig-Maria in Gera, wo sie 1983 ruhig und friedlich starb.

Simon-Dach-Brunnen mit Ännchen-von-Tharau-Skulptur

Der Dichter Simon Dach (1605 – 1659) ist einer der berühmtesten Söhne der Stadt. Seine Verse über Ännchen von Tharau wurden zum weithin bekannten Volkslied vertont. Die 1912 errichtete Skulptur ging im Zweiten Weltkrieg verloren, wurde aber 1989 originalgetreu nachgebildet. Sie gehört heute zu den Wahrzeichen von Klaipėda.

Während ihrer Zeit bei der Reeder-Köchin Schmidtstett begann Alwine mit dem Schreiben von Rezeptheften, welche mir zum größten Teil vorliegen. Die Rezepte zeigen, daß Hammersteins sehr großen Wert auf die Verwendung einheimischer Produkte und Lebensmittel legten. Im Folgenden habe ich eine kleine, auch heute noch empfehlenswerte Auswahl aus den Rezeptheften zusammengestellt.

Kurische Nehrung: Blick auf den Alten Sandkrug bei Memel, ca. 1930

MEMELER KARTOFFELN MIT HACKFÜLLUNG
(Rezept von Hertha Schmidtstett, um 1900)

für die Hülle:
1 kg rohe Kartoffeln, geschält und fein gerieben • 4 gekochte Kartoffeln • Salz
für die Füllung:
300 g Schweine- oder Rinderhackfleisch • 1 Zwiebel, gehackt • 1 TL Majoran
Salz und Pfeffer

☛ Die Kartoffeln durch ein Leinentuch ausdrücken. Flüssigkeit nicht gleich wegschütten, die Stärke soll sich erst setzen. Dann die Flüssigkeit abgießen und die Stärke zu den Kartoffeln geben. Die gekochten Kartoffeln zerstampfen und dazugeben. Salzen und alles zu einem Teig kneten. Aus je ½ Tasse Teig runde Fladen formen. Für die Füllung die gehackte Zwiebel anbraten und zum Hackfleisch geben, salzen und pfeffern, Majoran darüberstreuen. Alles gut durchkneten.

Auf die Fladen 1 Eßlöffel Füllung geben, falten, Ränder gut andrücken und längliche, tannenzapfen-große Klöße formen. In kochendes Salzwasser geben und unter vorsichtigem Rühren 30 Minuten köcheln. Zu den mit Fleisch gefüllten Klößen paßt eine Soße aus gebratenen Speckwürfeln oder zerlassener Butter mit saurer Sahne.

MEMELER KARTOFFELN MIT QUARKFÜLLUNG
(Rezept wie S. 14, jedoch mit Quarkfüllung)

für die Quarkfüllung:
300 g Quark • 1 Ei • 1 EL saure Sahne • 20 g feine Speckwürfel • 20 g Butter
½ TL Estragon oder Minze • Salz

☛ Den Quark mit gebratenen Speckwürfeln mischen. Butter, saure Sahne, Ei, Estragon oder Minze dazugeben, salzen, alles gut mischen, die Füllung wie auf S. 14 beschrieben auf die Teigfladen setzen und alles zu länglichen Klößen formen.
Mit Butter, saurer Sahne oder zerlassenen Speckwürfeln genießen.

HÜHNERSUPPE MIT MUSCHELNUDELN
(Rezept aus Memel, um 1914)

1 Hühnchen oder ein junges Suppenhuhn • 1 Zwiebel
Suppengrün: 2 Möhren, 1 Sellerie, 1 Sträußchen Petersilie
250 g Muschelnudeln

☛ Das Hühnchen (oder eine Poularde) waschen und in einen Suppentopf legen. Das Suppengrün putzen, Möhren in Scheiben und Sellerie in Würfel schneiden. Die Zwiebel ebenfalls klein schneiden. Alles zum Huhn geben und mit Wasser auffüllen, bis das Suppenhuhn fast bedeckt ist. Salzen und pfeffern, ca. 90 Minuten kochen.

Das Hühnchen aus der Suppe nehmen und abkühlen lassen. Dann die beiden Brüste von den Knochen entfernen, in kleine Würfel schneiden und in die Suppe geben. Das restliche Fleisch kann ebenfalls von den Knochen gelöst und in einer Schüssel für andere Zubereitungen kaltgestellt werden. Die Nudeln nach Anweisung separat und bißfest kochen. Nicht in der Suppe kochen, sonst wird die Suppe milchig-trüb. Abgießen und abschrecken. Erst dann in die Suppe geben, nochmals kurz erhitzen, abschmecken und zum Schluß mit gehackter Petersilie bestreuen.

Dieses Essen begleitete Alwine Gebauer bis ins hohe Alter und wurde immer dann gekocht, wenn jemand krank oder unpäßlich war.

Memel, Stadtansicht um 1920

MEMELER GEMÜSEAUFLAUF
(Rezept um 1910)

500 g Kartoffeln • 1 rote Paprikaschote • 1 Zwiebel • 1 Stange Porree
2 große Möhren • 1 Dose Tomatenwürfel ohne Saft
Salz, Pfeffer • Knoblauch • Oregano, Thymian, Rosmarin • 250 ml Milch
250 ml Gemüsebrühe • 2 EL Mehl • geraspelter Käse zum Bestreuen

☛ Kartoffeln kochen, pellen und in Scheiben schneiden. Paprikaschote putzen, in Streifen schneiden; Zwiebel hacken und mit Porreeringen ohne Fett in einer beschichteten Pfanne bräunen. Möhren in Würfel schneiden, zusammen mit Tomaten und Paprika in die Pfanne geben. Mit den Gewürzen abschmecken. Nur kurze Zeit garen, damit das Gemüse nicht zu weich wird.

Die Kartoffeln in eine Auflaufform schichten, mit den Kräutern bestreuen. Dann das Gemüse darauf verteilen. Von der Milch einen Teil abnehmen und mit dem Mehl verrühren. Restliche Milch mit der Gemüsebrühe aufkochen, das angerührte Mehl dazugeben, nochmals aufkochen und abschmecken. Die Milch über dem Auflauf verteilen und zum Schluß den Käse darüberstreuen. Bei 175 °C rund 20 Minuten im Backofen garen.

ANDERSENS QUARK-SAUERKIRSCH-AUFLAUF
(bis heute gepflegtes Familienrezept)

50 g Margarine • 3 Eier • 100 g Zucker • 1 TL Vanillearoma
Saft und Schale von 1 unbehandelten Zitrone • 75 g Speisestärke
500 g Magerquark • 1 kg frische Sauerkirschen
40 g abgezogene, gehackte Mandeln • 1-2 EL Butter • Butter für die Form

☛ Margarine in eine Schüssel geben. Eier trennen. Zucker, Eigelb, Vanillearoma, Zitronensaft und -schale, Speisestärke und Quark dazugeben und alles mit einem Handrührgerät gut verrühren. Eiweiß steif schlagen und unterziehen. Den Backofen auf 200 °C (Gas 2, Umluft 180 °C) vorheizen. Eine Auflaufform mit Butter einfetten. Sauerkirschen entsteinen und in einem Sieb abtropfen lassen. Die Hälfte der Quarkmasse in die Auflaufform füllen, mit Sauerkirschen belegen und mit restlicher Quarkmasse bedecken. Mandeln darüberstreuen und mit Butterflöckchen belegen. Quark-Sauerkirsch-Auflauf im vorgeheizten Backofen, zweite Schiene von unten, etwa 50 Minuten goldgelb backen.

MEMELER RETTICH
(Rezept um 1910)

600 g weiße Rettiche • 180 ml Olivenöl • 2 Knoblauchzehen • 1 EL Weißweinessig
4 getrocknete Tomaten in Öl • 2 TL Tomatenmark • 1 Sardellenfilet in Öl
1 TL getrockneter Thymian • 1 Prise Cayennepfeffer • Salz, Pfeffer • Honig

☛ Backofen auf 200 °C vorheizen. Rettiche quer in 1 cm dicke Scheiben schneiden. Beidseitig mit Olivenöl bestreichen, auf ein mit Backpapier belegtes Blech geben und 30 Minuten im Ofen (Mitte, Umluft 180 °C) backen, bis sie leicht gebräunt sind. Knoblauch schälen und mit dem übrigen Öl, Essig, getrockneten Tomaten, Tomatenmark und Sardellenfilet pürieren. Thymian und Cayennepfeffer zufügen. Marinade mit Salz, Pfeffer und Honig abschmecken. Die Rettichscheiben darin mindestens 1 Stunde marinieren. Passt gut zu Kartoffel- oder Fleischgerichten.

MÖHREN-SOUFFLÉ MIT SCHINKEN
(Rezept von Hedwig Andersen)

250 g Möhren • 125 ml Wasser
1 gestrichener TL Delikateß-Brühpulver
125 ml Milch • 3 gehäufte EL helle Mehlschwitze
100 g Doppelrahmfrischkäse
125 g gekochter Schinken • 1 Bund Petersilie • 3 Eier
Salz, weißer Pfeffer • Muskatnuß, gerieben • Margarine für die Form

☛ Möhren schälen, waschen und in Stücke schneiden. Wasser aufkochen, Delikateß-Brühe und Möhrenstücke hineingeben und etwa 10 Minuten garen. Möhren durch ein Sieb abtropfen lassen und pürieren. Abkühlen lassen. Den Backofen auf 200 °C (Gas 2, Umluft 180 °C) vorheizen. Eine Auflaufform oder vier feuerfeste Portionsförmchen mit Margarine einfetten. Milch aufkochen, Mehlschwitze einrühren und 1 Minute kochen lassen. Frischkäse dazugeben und verrühren. Eier trennen, Schinken in Würfel schneiden. Petersilie waschen, trockenschleudern und fein hacken. Möhrenpüree, Eigelb, Schinkenwürfel und Petersilie in die Milch geben. Mit Salz, Pfeffer und Muskat abschmecken. Eiweiß steif schlagen und unter die Masse heben. In die Auflaufform füllen und im vorgeheizten Backofen, zweite Schiene von unten, etwa 35 Minuten backen.

Memel um 1930. Blick vom Fluß Dange auf die Industrie- und Handelskammer

Rudolf Schmidt, der Tilsiter Meisterkoch

Rudolf Schmidt, 1905

Tilschen, mein Tilschen, wie schön bist du doch!
Ich liebe dich heute wie einst,
Die Sonne wär' nichts wie ein finsteres Loch,
Wenn du sie nicht manchmal bescheinst.

Aus: Hermann Sudermann, „Die Reise nach Tilsit" (1917)
(geb. 1857 in Matzicken/Ostpreußen, gest. 1928)

Edgar Schmidt aus Haldensleben bei Magdeburg erinnert sich gern und oft an seinen Großvater Rudolf Schmidt aus Tilsit (heute das russische Sowjetsk).

Edgar kam im Kriegsjahr 1943 im Alter von drei Jahren mit der Familie von Tilsit nach Haldensleben, wo der Vater in einem Maschinenbaubetrieb kriegswichtige Teile konstruieren mußte. Die Familie wurde damals in einer werkseigenen Wohnung untergebracht. Großvater Rudolf (1880–1963) war mit seiner Frau Juliane in Tilsit geblieben und zog erst im Herbst 1944, als die Front bereits bedrohlich nah war, in die Nähe von Magdeburg.

Großvater und Enkel standen sich sehr nahe, und Edgar liebte die Erzählungen seines Großvaters aus der alten Heimat. Im angesehenen Hotel Kaiserhof in der Deutschen Straße in Tilsit erlernte Rudolf Schmidt von 1897 bis 1900 den Beruf des Kochs. Der Küchenchef, Gustav Müller aus Breslau, verstand es, den 17-Jährigen für seinen Beruf zu begeistern.

Küchenmeister Müller hatte sehr gute Kontakte in die Gegend um Wiesbaden und Baden-Baden, und so konnte der junge Tilsiter nach seiner Lehre auf Wanderschaft gehen und dort in renommierten Hotels arbeiten. Der bekennende Ostpreuße fiel in der Fremde schon we-

Tilsit um 1900

Deutsche Straße, Kreuzung Wasserstraße, Blick nach Osten. Das große Gebäude links ist der „Kaiserhof".

gen seiner Aussprache auf, aber auch mit seiner Kochkunst. In den verschiedenen Hotelküchen kochte er vorwiegend die typischen Tilsiter Speisen, deren Zubereitung er bei Küchenchef Müller gelernt hatte. Bald sprachen die Küchenchefs in und um Wiesbaden und Baden-Baden bei ihren Stammtischabenden und Vereinstreffen sehr anerkennend von dem jungen Ostpreußen. Noch lange nach seinem Weggang erhielt er Post von ehemaligen Arbeitskollegen.

1913 zog es Rudolf Schmidt nach Berlin, wo er bis 1921 in verschiedenen noblen Hotels kochte, zum Beispiel im Kempinski. Dort lernte er auch bedeutende Küchenmeister wie Alfred Badenhop kennen, der ihn ab 1925 einige Male als Vertretung des Küchenchefs nach München in das Regina-Palast-Hotel holte.

Nach der Wanderschaft kehrte Rudolf nach Tilsit zurück und lernte den damals sehr bekannten Patissier Michael Hobmair kennen, der in der Schloßküche in Regensburg auch für die Fürsten von Thurn und Taxis prunkvolle Schaustücke aus Zucker herstellte. Die zwischen den beiden entstehende Freundschaft hielt lange an, wovon auch ein großer Koffer mit Briefen zeugt, den Rudolf Schmidt 1944 unbedingt nach Magdeburg mitnehmen wollte. Seine Frau

Hotel Kaiserhof in Tilsit, Belegschaft und Gäste um 1910

Baden-Baden, Ansichtskarte von 1914

In der Nähe der Gönneranlagen befand sich das Hotel, in dem Rudolf Schmidt arbeitete.

Wiesbaden, Ansichtskarte von 1910

Juliane war zu diesem Zeitpunkt jedoch schon sehr krank und bedurfte seiner ganzen Aufmerksamkeit, so daß der Koffer in Tilsit verlorenging.

In Ebendorf bei Magdeburg kamen sie bei einem Bauern unter, und der 64jährige Rudolf Schmidt kochte für mehrere Bauernhaushalte der Gegend das Essen. Die Männer waren im Krieg, und die Frauen, die sich allein um die Bauernwirtschaften kümmern mußten, waren dankbar für jede Unterstützung. Auf diese Weise fiel für beide Schmidts immer etwas des für damalige Verhältnisse nahrhaften Essens ab. Im Januar 1945 starb Juliane Schmidt, die sich von ihrer Krankheit nicht mehr erholen konnte.

1948 heiratete der immer noch sehr agile und rüstige 68jährige Rudolf Schmidt die Gastwirtin Emilie Heineke aus Magdeburg. Bis 1959 kochte er in der Gastwirtschaft seiner Frau, im „Weißen Roß“. Man nannte ihn nur „den Ostpreußen“, und wenn er ein paar Bierchen getrunken hatte, konnte er im schönsten Ostpreußendialekt über die veränderten Gesellschaftsverhältnisse schimpfen.

Seine Gerichte, die alle ihren Ursprung in seiner Tilsiter Zeit hatten, waren stadtbekannt. Das „Weiße Roß“ lag in einer Nebenstraße zum Markt, und wenn mal ein Händler aus der Tilsiter Ecke vorbeikam, wurde so manches Glas Bier oder Gläschen Goldwasser getrunken. Hedwig, die Küchenhilfe, kochte dann für ihn, und die Gäste merkten manchmal gar nicht, daß Rudolf Schmidt nur noch die gefüllten Teller auf das Holzbrett in die Tür stellte, die zur Theke führte. So mancher Fischer und Bauer brachten ihm „schwarze

Ware“, damit er seine geliebten ostpreußischen Gerichte kochen konnte.

Emilie Schmidt, 20 Jahre jünger als Rudolf Schmidt, ließ sich 1959 von ihm scheiden und heiratete einen gleichaltrigen Mann. Rudolf Schmidt war nun 79 Jahre alt, aber noch rüstig, charmant und eine stattliche Erscheinung. Schließlich zog er bei seiner Küchenhilfe Hedwig vom „Weißen Roß“ ein und lebte mit ihr in einer kleinen Dachwohnung in der alten Neustadt in Magdeburg.

Nach dem Weggang des Kochs vom „Weißen Roß“ kamen auch die Gäste nicht mehr; zwei Jahre später waren die „Sparstrümpfe“ leer und man verkaufte die Gaststätte an die HO Magdeburg.

Hedwig und Rudolf zogen 1961 in ein Altersheim am Hopfgarten, wo sie Enkel Edgar noch häufig und gern besuchte. Edgar war in der Zwischenzeit ebenfalls Koch geworden und arbeitete viele Jahre im Interhotel Magdeburg. Das handgeschriebene Rezeptheft seines Groß-

Magdeburg, Alter Markt, Postkarte von 1942

In einer Nebenstraße zum Markt lag das „Weiße Roß“.

Tilsit, Herzog-Albrecht-Schule (Knaben-Mittelschule), Aufnahme von ca. 1930

vaters verwahrt er bis heute sorgfältig. Für den Großvater sammelte Edgar historische Ansichtskarten von Tilsit. So konnte sich der Großvater die Bilder seiner Jugend jederzeit in Erinnerung rufen.

Königin-Luise-Brücke nach Tilsit, 1935

Im Dezember 1963 starb Rudolf Schmidt, ohne sein geliebtes Tilsit wiedergesehen zu haben.

LACHSTATAR NACH TILSITER ART

Dieses Gericht entstand um 1930 während seiner Zeit als Koch im Hotel Preußischer Hof in der Stolbeckstraße in Tilsit (Nähe Rathaus).

300 g frisches Lachsfilet • 2 kleine Frühlingszwiebeln • 100 ml Buttermilch
2 säuerliche Äpfel, in Würfel geschnitten • Koriander • Salz, Pfeffer

☞ Zuerst das Lachsfilet waschen, mit Küchenpapier trockentupfen und mit einem scharfen Messer in sehr kleine Würfel schneiden. Anschließend den Koriander fein hakken und die Frühlingszwiebeln in dünne Streifen schneiden. Danach die Zwiebeln mit dem Lachs vermengen, die Buttermilch und die Apfelwürfel dazugeben und gut vermischen. Das Ganze noch mit Salz, Pfeffer und Koriander abschmecken und servieren.

SCHWEINEFILET NACH TILSITER ART
(von der Speisekarte des Bahnhofshotels in Tilsit, Bahnhofstraße)

(für 2 Personen)

320 g Schweinemedaillons (4 Stück à 80 g) • 1 EL Öl • 1 TL Butter
1 cl weißer Rum • 4 cl Sahne • 1 TL Honig • 1 EL grüne Pfefferkörner • Salz

☞ Die Schweinemedaillons waschen, häuten und mit einem Küchentuch trockentupfen. Die Medaillons jeweils mit einem Faden umwickeln, damit sie beim Braten ihre Form behalten. Das Fleisch mit Salz und Pfeffer würzen und in einer Pfanne mit heißem Öl gut anbraten. Dann aus der Pfanne nehmen und warm stellen.

Das Öl vom Braten aus der Pfanne abgießen und die Butter in derselben Pfanne zerlaufen lassen. Die Pfefferkörner zerdrücken und in die Pfanne geben. Den Rum mit der Sahne und dem Honig in die Pfanne gießen und das Ganze unter Rühren gut einkochen lassen.

Die Medaillons dann von dem Faden befreien und auf den Tellern anrichten. Die Soße mit Salz und Pfeffer abschmecken und über die Schweinemedaillons gießen.

Dazu können Sie zum Beispiel Tomatenreis servieren.

Tilsit, Schenkendorfplatz, Ansichtskarte von 1941

TILSITER KIRSCHWAFFELN

125 g Butter • 100 g Zucker • 1 Päckchen Vanillezucker • 3 Eier • 150 g Mehl • Salz
Butter • 500 g Sauerkirschen • 1 Becher Sahne-Frischkäse (125 g) • 200 g Sahne
2 EL Zucker • Zimt

☛ Weiche Butter, Zucker, Vanillezucker und Eier schaumig schlagen. Mehl und eine Prise Salz zufügen, alles gut verrühren. Den Teig einige Minuten stehen lassen und dann im gefetteten Waffeleisen ausbacken.

Sauerkirschen entsteinen und mit dem Frischkäse mit dem Mixstab pürieren, Sahne steif schlagen, unterheben und mit Zucker und Zimt abschmecken. Die Kirschcreme zwischen den gebackenen Waffeln verteilen und servieren.

TILSITER SPIESSBRATEN MIT HAGEBUTTENSOSSE

Spießbraten:
1 kg Schweinefleisch (Schweinekamm ohne Knochen) • 4 Zwiebeln
2 Knoblauchzehen • Salz • Pfeffer • 0,25 l Weißwein • Kümmel

☛ Den Schweinekamm in gulaschgroße Stücke schneiden, die Zwiebeln und den Knoblauch schälen und hacken. In einer Schüssel die Zwiebeln und den Knoblauch salzen und mit dem Kartoffelstampfer bearbeiten, bis Saft austritt. Dann die Fleischwürfel salzen und pfeffern, zu den Zwiebeln geben und gut durchrühren. Die Schüssel abdecken und über Nacht in den Kühlschrank stellen. Zum Braten dann das Fleisch aus der Schüssel nehmen, portionsweise auf lange Spieße stecken und auf dem Backofengrill ca. 25 bis 30 Minuten bei 180 °C braten. Für das Aroma die Zwiebeln zusammen mit dem Weißwein und etwas Kümmel in einen Topf geben und während des Bratvorgangs in den Ofen stellen.

Hagebuttensoße:
150 g Hagebutten • etwas Olivenöl • 1 EL Tomatenmark • 2 bis 3 Tomaten
50 g Zwiebeln, gewürfelt • 0,5 l Wasser • 1 kleiner Zweig Sellerie
1 Kräuterstrauß (aus Oregano, Thymian, Lorbeer, Salbei, Beifuß)
1 Knoblauchzehe • 1 Bund Oregano, gehackt • etwas Zitronenmelisse, gehackt
1 TL Honig • Salz • Chili

☛ Die Blütennarben der Hagebutten mit einem Messer entfernen, die Hagebutten dann zerteilen, mit den Zwiebeln, Tomatenmark, Tomaten und Knoblauch in Olivenöl andünsten. Anschließend ½ Liter Wasser dazugießen. Sellerie und den Kräuterstrauß dazugeben und eine halbe Stunde köcheln lassen. Dann die Kräuter entfernen, die Masse durch ein Sieb passieren, Oregano und Zitronenmelisse unterrühren. Die Hagebuttensoße zum Schluß mit Salz, Honig und Chili abschmecken.

Die Soße eignet sich auch hervorragend zu Wild oder Braten mit Knödeln.

TILSITER ROSTBRATEN VOM SCHWEINEKAMM

1700 g Schweinenacken, am Stück • 1 EL Senf, scharf
10 dünne Scheiben Schinkenspeck
2 große Zwiebeln, in Ringe geschnitten • Salz, Pfeffer • Majoran • dunkles Bier

☛ Den Schweinenacken in Scheiben schneiden, dabei aber nicht ganz durchschneiden, so daß er am Stück bleibt. Mit Salz, Pfeffer und Majoran würzen und dick mit Senf einreiben, besonders zwischen den Scheiben. In jeden Spalt mehrere Scheiben Speck und Zwiebelringe stecken.

Holzspießchen in Wasser einweichen und von beiden schmalen Seiten durch das Fleisch stecken, damit die Scheiben nicht aufklappen. Entweder fest in Alufolie wickeln und in einen Bräter legen oder ohne Folie in einen gewässerten Römertopf setzen und den Deckel schließen. Bei 200 °C für ca. 90 Minuten in den Ofen schieben. Dann Folie bzw. Deckel entfernen und 30 Minuten weitergaren. In dieser Zeit mehrfach mit dunklem Bier begießen.
Dazu passen Weißbrot, Knoblauchbaguette oder Kartoffelpüree.

TILSITER MANGOLDROULADEN MIT QUARKFÜLLUNG

400 g Quark • 1 Mangoldstaude • Salz, Muskat und Pfeffer nach Belieben
100 g Butter • 1 Zwiebel, gewürfelt • 6 Eigelb • 1 EL gehackter Kerbel
50 g Parmesankäse • 1 EL Weinessig

☛ Quark in ein Sieb geben und abtropfen lassen. Stiele vom Mangold abschneiden und Blätter in Salzwasser blanchieren, kalt abschrecken und trockentupfen. Stiele in ca. 1 cm kleine Stücke schneiden und mit den Zwiebelwürfeln in der Butter weich dünsten, salzen und pfeffern. Quark mit Eigelb verrühren, mit Salz, Pfeffer und Muskat würzen. Gehackten Kerbel unterziehen. Die Backröhre auf 150 °C vorheizen, Mangoldblätter in acht Portionen teilen, Quarkmasse auf die Blätter geben und zusammenrollen. Anschließend die Mangoldrouladen in eine gebutterte Auflaufform legen und nochmals mit etwas Butter bestreichen. 20 Minuten bei 150 °C garen. Mit Weinessig besprühen und den Parmesan darüber hobeln. 10 Minuten nachgaren. Anrichten und mit dem ausgetretenen Fond beträufeln. Dazu passen Nudeln oder Petersilienkartoffeln.

„Schuppnis“ und „Kakalinski“: Waltraud Raksch und die Geheimnisse der Trappener Küche

Familie Müller um 1941

Die Mutter: Emma Müller, geb. Bley, geboren am 21.7.1903 in Heydekrug, gestorben im Februar 1988 in Rostock. Der Vater: Fritz Müller, geboren am 30.6.1895 in Trappönen, gestorben im Februar 1968 in Rostock. Fritz Müller war Steuermann der Grenzschiffahrt und brachte tausende Flüchtlinge sicher über die Memel. Die Kinder von links nach rechts: Hildegard, Waltraud, Helene (Lenchen), Helmuth, Edith.

Mein Heimatland

[...] Und wenn ich träumend dann durchgeh'
Die düst're Tannennacht,
Und hoch die mächt'gen Eichen seh'
In königlicher Pracht,
Wenn rings erschallt am Memelstrand
Der Nachtigallen Lied,
Und ob dem fernen Dünensand
Die weiße Möwe zieht:

Dann überkommt mich solche Lust,
Daß ich's nicht sagen kann,
Ich sing ein Lied aus voller Brust
Schlag froh die Saiten an.
Und trägst Du auch nur schlicht Gewand
Und keine stolzen Höh'n,
Ostpreußen, hoch! mein Heimatland,
Wie bist Du wunderschön!

JOHANNA AMBROSIUS, 1884

(geb. 1854 in Lengwethen bei Ragnit/Ostpreußen, gest. 1939 in Königsberg)
Das Lied war als „Ostpreußenlied“ bis ca. 1930 die Landeshymne.

Das langgestreckte Kirchdorf Trappen (bis 1938 Trappönen) liegt nordöstlich von Groß Lenkeningken am südlichen Ufer der Memel in der Nähe von Tilsit und Ragnit und wurde bereits als „Szemgallen“ im 14. Jahrhundert in den „Litauischen Wegeberichten“, einer ordenszeitlichen Chronik, erwähnt.

Von den 1920er Jahren bis zur Einnahme durch die Rote Armee 1945 lebte der kleine Ort von Landwirtschafts- und Handwerksbetrieben: So gab es z. B. eine Ziegelei, eine Molkerei, Sägewerke, Läden u. v. m. Mit einer Dampferanlegestelle und einem kleinen Hafen hatte Trappen auch für die Schifffahrt einige Bedeutung.

Flußschiff auf der Memel bei Trappen, um 1930

Leider wurde die 1905 erbaute Kirche mit dem reich verzierten Triumphbogen und den hohen Spitzbogenfenstern nach dem Zweiten Weltkrieg abgerissen. Nur das Pfarrhaus konnte erhalten werden. An der Kirche stand ein aus Granitsteinen erbautes Denkmal für die Gefallenen des Ersten Weltkrieges. Das 1993 als russisch-deutsches Gemeinschaftsprojekt neu errichtete Denkmal ist in der Form dem alten nachempfunden und ehrt mit der Inschrift:

1914/1918 1939/1945
Den Toten zur Ehre
Den Lebenden zur Mahnung

Die Gefallenen der beiden Weltkriege.

Das alte Denkmal mit der Inschrift: 1914/18 – Den Gefallenen zur Ehre – Den Lebenden zur Mahnung.

Alte Postkarte von Trappönen, um 1930

1932 in Trappönen geboren, verlebte Waltraud Raksch, geb. Müller, eine sehr schöne, behütete Kindheit. Ihre Mutter Emma stammte aus einer Beamtenfamilie in Heydekrug, ihr Vater war Nachkomme einer alten Schifferfamilie, die schon seit vielen Generationen an der Memel beheimatet war. Noch heute besucht Waltraud jährlich die Heimat ihrer Eltern an der Memel: Von Ragnit aus läßt sie sich mit einem Taxi nach Nemanskoje bringen, wie ihr Heimatort heute genannt wird. In ihrem Herzen wird er aber für immer Trappen heißen.

Der Großvater August Bley war ein gut situierter Beamter bei der Deutschen Reichsbahn, zur damaligen Zeit eine geachtete Institution im Deutschen Reich. Als die Großeltern nach Tilsit zogen, kamen die Enkel aus Trappen sie oft besuchen. Besonders gut erinnert sich Waltraud Raksch an die großen Familienfeste, die in einem Landhaus nahe Tilsit gefeiert wurden und wo manchmal bis zu vierzig Familienmitglieder zusammenkamen.

Stockend und mit langen Unterbrechungen erzählt Waltraud Raksch von der Flucht aus Trappen. Weil man den Vater zum Volkssturm einberufen hatte, mußte die Mutter mit den fünf Kindern am 9. Oktober 1944 ohne ihn ins Ungewisse fliehen. An diesem Tag sollten sich um 12 Uhr die Trappener Einwohner mit 35 Kilogramm Gepäck pro Person am Bahnhof einfinden. Der Zug, der sie von der Heimat wegführte, hielt nach drei Tagen in Aue im Erzgebirge. Alle Flüchtlinge wurden in notdürftigen Baracken untergebracht. Es war unvorstellbar eng, und im kalten Winter 1944/45 erkrankten viele der Flüchtlinge oder starben vor Hunger und Entkräftung.

Im Mai 1945, nach Kriegsende, wollten die meisten Überlebenden wieder nach Trappen zurück und machten sich auf den Weg in die Heimat – auch die Familie Müller. Doch kaum einer der Heimatsehnsüchtigen erreichte sein Ziel. Die Wenigen, die es nach Hause schafften, wurden von den neuen Hausbewohnern weggejagt. Auch die Familie Müller kam nie bis Trappen. Die Heimreise endete zunächst in Klingendorf bei Rostock, wo die Familie Weihnachten 1945 endlich wieder vereint war und zusammen mit dem Vater den Heiligen Abend feiern konnte. Es war ein bescheidenes, aber glückliches Weihnachtsfest, denn das Einzige, was zählte, war das Zusammensein. Der Vater erzählte Begebenheiten aus seiner Zeit als Steuermann der deutschen Grenzschiffahrt auf dem Schiff namens „Löwe". Er war sehr stolz darauf, viele Flüchtlinge über die Memel nach Dänemark gebracht zu haben.

Familienfoto von 1954

vordere Reihe von links: Helene (*1935), Gerhard (*1946), Manfred (*1941), Edith (*1938), Hildegard (*1931); hintere Reihe von links: Helmuth (*1933), Mutter und Vater Müller, Waltraud (*1932)

Der Ortseingang von Trappen, ca. 1940

Als man ihn an jenem Oktobertag 1944 zum Volkssturm holte, hatte er große Angst um seine Familie. Sein Kompaniechef, der frühere Schuldirektor von Waltraud Raksch, Wilhelm Teiggräber, konnte es kaum mit ansehen und schickte Fritz Müller nach Königsberg zur Kommandantur. Dort entschied man, ihn als Steuermann zur Reederei Friedrich und Manfred Preukschat nach Danzig abzustellen. Er geriet in englische Gefangenschaft, wo er die bedingungslose Kapitulation Deutschlands erlebte. Damit hatte er den Krieg ohne große Widrigkeiten glücklich überstanden, wofür er sein ganzes Leben lang sehr dankbar war, denn in seiner Altersklasse gab es nur wenige Überlebende.

Nach der ersten Zeit in Klingendorf wurde die Stadt Rostock zur neuen Heimat von Familie Müller. Waltraud besuchte von 1947 bis 1948 die Rostocker Fachschule für Medizin und wurde Krankenschwester. 1958 heiratete sie Walter Raksch, und als er in der Erzaufbereitung im Uranbergbau Arbeit fand, zog er mit seiner Frau nach Seelingstädt (Thüringen). Das Paar bekam zwei Töchter: Ines und Anke.

Von 1961 bis zum Renteneintritt 1990 arbeitete Waltraud Raksch als Fachkrankenschwester für Psychiatrie und Neurologie in Zwickau. 2005 starb ihr Mann Walter, sie zog daraufhin nach Koblenz zu ihrer ältesten Tochter Ines, die als Postangestellte in Mayen/Pfalz arbeitet. Die zweite Tochter Anke, gelernte Betriebswirtin, betreibt in Rheinland-Pfalz fünf Tankstellen. Waltraud freut sich heute über vier Enkel und zwei Urenkel.

„SCHALTNOSISSI" (TRAPPENER TEIGTASCHEN)
(litauisch: Šaltanosiai)

☛ Einen Nudelteig aus 4 Eiern, 200 Gramm Weizenmehl und einer Prise Salz herstellen. Ausrollen und in 10 Zentimeter große Vierecke schneiden. Die Enden mit verquirltem Eigelb bepinseln.

200 Gramm Quark mit 2 Eiern, 50 Gramm Zucker und einem Päckchen Vanillezucker gut verrühren. Diese Masse in kleinen Häufchen auf dem ausgerollten, zurechtgeschnittenen Nudelteig verteilen. Die Ränder umklappen und fest aneinanderdrücken, am besten mit einer Gabel. Die gefüllten Teigtaschen vorsichtig aufnehmen und in leicht gesalzenes, bei kleiner Hitze sprudelndes Wasser geben. Die Teigtaschen hochkommen und 5 Minuten garziehen lassen.

Mit brauner Butter und Zimtzucker servieren. Direkt aus dem Topf auf die vorgewärmten Teller geben.

„KAKALINSKI"
(ein Gericht litauischen Ursprungs)

☛ Einen Teig wie für Kartoffelpuffer herstellen. Dafür 1 Kilogramm Kartoffeln schälen, reiben und mit 2 Eiern und 4 Eßlöffeln Weizenmehl vermengen. Eine fein geriebene Zwiebel unterheben und dann vorsichtig mit Salz, weißem Pfeffer und etwas Knoblauch würzen. (Eine fein geschnittene, mit einem schweren Küchenmesser fein zerdrückte Knoblauchzehe unter den Teig geben.) Ein gefettetes Kuchenblech gleichmäßig mit Räucherspeckstreifen belegen und darauf dünn den Kartoffelpufferteig geben. Obenauf wieder feine Speckstreifen verteilen.

Bei 180 °C Ober- und Unterhitze das Blech mit den „Kakalinski" ca. 20 Minuten backen. Man sollte Sichtkontakt halten, sobald die Oberfläche der Speise braun wird, ist sie gut! Noch heiß in Stücke schneiden und sofort servieren. Zu Kakalinski gab es oft Kompott aus selbstgesammelten Blaubeeren.

Ein leckeres Essen, von dem Waltraud Raksch heute noch schwärmt.

„SCHUPPNIS" – EINE TRAPPENER KÜCHENSPEZIALITÄT

750 g geschälte grüne Erbsen • 500 g Kartoffeln • 500 g Schinkenspeck
750 g Schweinerippchen (oder 500 g geräucherter durchwachsener Speck oder ein geräucherter Schweinekopf) • 2 Zwiebeln • 100 g Speck • Salz, Pfeffer

☛ Die Erbsen und das Fleisch in wenig Salzwasser 2 bis 3 Stunden kochen. Die Kartoffeln extra kochen. Das Fleisch von den Knochen befreien und separat anrichten. Erbsen und Kartoffeln stampfen und vermengen. Dann die gerösteten Zwiebelscheiben und den ausgelassenen Speck (Spirkel) auf den Brei geben.

Schuppnis war eine beliebte Köstlichkeit, die es oft zur Fastnacht gab. In der Schule wurde an diesem Tag allerhand Schabernack getrieben, und der Lehrer schickte die Kinder deshalb oft früher heim. Die Kinder freuten sich, wenn sie vorzeitig aus der Schule kamen und die Mutter Schuppnis für sie kochte.

Tafelspruch in der Trappener Schule – um die Fastnachtszeit

Fastnacht feiert Katz und Maus.
Schuppnis gibt's in jedem Haus.
Der Lehrer ist ein guter Mann,
der uns Ferien geben kann.

Die Schule in Trappen

Blick auf Trappen, ca. 1938

„GRATNIS“ (AUCH „KRATNIS“ GENANNT)
(aus dem Original-Rezeptbuch von Waltraud Raksch)

☛ In einen gußeisernen Bräter frisches Sauerkraut und in kleine Würfel geschnittene, rohe Kartoffeln schichten. Obenauf ein frisches Eisbein legen. (Es kann auch ein geräuchertes Eisbein sein.) Bei 150 °C Ober- und Unterhitze schmoren.

Nach ungefähr 2 Stunden sind die untersten Schichten gar und das Eisbein wunderbar knusprig.

KÜRBISSUPPE

☛ Gartenkürbis schälen, waschen und teilen. Das Fruchtfleisch aus dem Inneren herausnehmen, würfeln und mit wenig Wasser zum Kochen bringen. So viel Milch angießen, daß für 4 Personen eine Suppe entsteht (etwa 1,5 Liter Masse). Mehl und Butter zu gleichen Teilen verkneten und etwas Salz dazugeben. In der Küche der Ostpreußen nennt man das „Klunkern“ (empfehlenswert sind je 50 Gramm). Die Klunkern dann in die leicht kochende Kürbissuppe geben und mindestens 15 Minuten aufwallen lassen. Mit 1 Prise Zimt und etwas Zucker abschmecken.

TRAPPENER BEETENBARTSCH

500 g durchwachsenes Rindfleisch • 500 g Schweinefleisch (nicht zu fett)
1 kg Rote Beete • ¼ l süße Sahne • saure Sahne
Gartenkräuter • Salz, Pfeffer

☛ Rindfleisch und Schweinefleisch in Salzwasser weich köcheln. Das Fleisch muß noch etwas bißfest und die Brühe darf nicht zu trüb sein. Deshalb das Fleisch nicht zu stark kochen! Das Fleisch herausnehmen und in kleine Würfel schneiden. Brühe aufheben.

Rote Beete waschen, kochen und abkühlen lassen. Die geschälte Rote Beete reiben und in die Fleischbrühe geben, süße Sahne zugießen und alles noch einmal aufkochen lassen, jetzt die Fleischwürfelchen dazugeben und abschmecken. Vor dem Servieren mit einem Klecks saurer Sahne garnieren. Mit reichlich gehackten Gartenkräutern bestreuen.

Trappen um 1930

Das Landjägerhaus in Trappen, ca. 1938

DIE TRAPPENER SAUERAMPFERSUPPEN

1. Variante:

☛ Sauerampfer säubern, waschen, kleinhacken oder schneiden. In leicht gesalzenem Wasser kochen. Wenn der Sauerampfer gar ist, mit süßer Sahne auffüllen, 2 Eier hineinquirlen und nicht mehr kochen. Mit Zucker abschmecken.

2. Variante:

☛ Sauerampfer waschen, kleinhacken und in Fleischbrühe mit einem Lorbeerblatt kochen, salzen und leicht pfeffern. Mit saurer Sahne anrichten.

3. Variante:

2 Schalotten • 20 g Butter • 150 g Speck • 1 l Sauerampferfond (1 kg Sauerampfer kochen, durchsieben) • 200 ml Crème fraîche • 200 ml süße Sahne • 6 Eigelb Salz, Pfeffer • 1 Bd. Schnittlauch, in Röllchen geschnitten

☛ Schalotten fein würfeln, Speck in feine Streifen schneiden. Beides in Butter in einem Topf andünsten und mit Sauerampferfond, Crème fraîche und Sahne ablöschen. Diese Flüssigkeit bei mittlerer Hitze um ein Drittel reduzieren. Dann die Eigelbe aufschlagen und zusammen mit dem Schnittlauch zur Flüssigkeit geben und den Topf vom Feuer nehmen. Sobald das Eigelb stockt und an die Oberfläche steigt, ist die Suppe fertig. Mit Salz und Pfeffer abschmecken und mit Schnittlauchröllchen bestreut servieren.

Wilhelm Braemer, der „Wilderer-Koch“ aus Pillkallen

Wilhelm Braemer, Jäger aus Leidenschaft, Pillkallen um 1935

Das Feiern verstand man in Ostpreußen. Man freute sich auf jeden Anlaß des Zusammentreffens. Zum einen wegen der willkommenen Abwechslung, zum anderen schätzte man ein gutes Mahl, was „notgedrungen“ das Nachspülen mit mehreren klaren Schnäpsen erforderlich und die Stimmung vergnüglich machte ...

Aus: Hannelore Schmitz, „Meine Wurzeln“

Der Pillkaller

Es glänzt in lichter Schale
so hell der Doppelkorn,
der reine, ideale
wahrhaft'ge Lebensborn. [...]

Wohl trinkt man gut und reichlich
auch etwas starken Sprit,
nun ja, man ist nicht weichlich
und braucht was für's Gemüt.

Denn eiskalte Winde
weh'n dort jahraus, jahrein,
da darf zu gelinde
der Abendtrunk nicht sein. [...]

VERFASSER UNBEKANNT

Schlosbergk wurde um 1516 erstmals erwähnt; spätere litauische Siedler nannten die damals ringförmige Verteidigungsanlage *Pillkallen* (litauisch *Pilkalnis* = ‚aufgeschütteter Hügel, Burgberg, Schloßberg‘). 1549 entwickelte sich daraus das Kirchdorf Pillkallen. Das Stadtrecht wurde Pillkallen 1725 durch Preußenkönig Friedrich Wilhelm I. verliehen, 1818 wurde die Stadt zum Verwaltungssitz des Kreises Pillkallen/Schloßberg, der immer noch von vielen landwirtschaftlichen Betrieben geprägt war. Ab 1901 verband die Pillkaller Kleinbahn auf einem Schienennetz von rund 60 Kilometern Länge die Stadt mit zahlreichen Orten der Umgebung. Im November 1914 wurde die Stadt von russischen Soldaten geplündert und zerstört, nach dem Ersten Weltkrieg mit Hilfe der Partnerstadt Breslau wiederaufgebaut. 1938 benannten die Nationalsozialisten Pillkallen in Schloßberg um. Und dann begann der Zweite Weltkrieg ... Am 31. Juli 1944 brachen sowjetische Panzerverbände nördlich von Neustadt/ Naumiestis durch, so daß Schloßberg und der südliche Teil des Kreises teilweise geräumt werden mußten. Am nächsten Tag traf es die an der Grenze liegenden Ortschaften sowie Teile des Kreisgebiets östlich von Schloßberg. Am 14. Oktober kam der endgültige Räumungsbefehl für

Pillkallen/Schloßberg, Markt

Schloßberg und den westlichen Teil des Kreises. Die Flüchtlinge wurden zunächst im Kreis Wehlau untergebracht. Von dort aus flohen die meisten Richtung Westen. Pillkallen/Schloßberg wurde ebenso wie die nahegelegenen Orte Schirwindt, Willuhnen, Blumenfeld, Petershausen und Heinrichsfelde fast vollständig zerstört. Heute ist der Ort das russische Dobrowolsk.

Von Erna Hiebel-Münch aus Halle an der Saale erfuhr ich die außergewöhnliche Geschichte ihres Großvaters Wilhelm Braemer (1878–1967) aus dem ostpreußischen Pillkallen.

Wilhelm Braemers Eltern bewirtschafteten eine kleine Gaststätte gleich hinter dem Markt in Pillkallen. Der Vater August Braemer (1845–1907) entstammte einem verarmten Zweig der damals sehr bekannten Gutsbesitzerfamilie Braemer, der unter anderem das Gut Nowischken (ab 1933 Braemerhusen) und das Gut Doristhal gehörte. Die Mutter Ernestine Braemer geb. Asmus (1849–1938) kam aus einer verarmten Aristokratenfamilie aus Pommern.

Ernestine hatte im April 1873 auf einem Manöverball in Pommern den jungen Gardeleutnant August Braemer aus Pillkallen kennengelernt, der ihr eifrig den Hof machte – anscheinend mit Erfolg: Sie heirateten und eröffneten eine Schankwirtschaft in der kleinen Gasse hinter dem Markt in Pillkallen.

Im Oktober 1878 kam der einzige Sohn Wilhelm zur Welt. In der Familie erzählt man sich noch heute, daß er ein „echter Braemer“ war. Das heißt, er war nicht auf den Mund gefallen und verstand sich gut mit allen Verwandten der weitverzweigten Familie – egal ob arm oder reich.

Nach dem Schulabschluß in Pillkalen lernte der 18jährige an einer Hotel-Kochschule in Königsberg, wo er 1899 das Koch-Diplom erhielt. Während seiner Lehrjahre zog es den lebhaften jungen Mann immer wieder ins heimatliche Pillkallen, besonders seit er seine Leidenschaft für die Jagd entdeckt hatte. In den Wäldern um Pillkallen, die fast alle der begüterten Braemer-Linie gehörten, durfte der junge Mann jagen, sooft er wollte. Seine Eltern besaßen zwar nicht so viel Geld wie die Verwandtschaft, dennoch war Wilhelm Braemer immer gern gesehen.

Nach dem Ende der Lehrzeit ging Wilhelm Braemer um 1900 zusammen mit Albert Eckert, einem gleichaltrigen Kollegen, auf Wanderschaft, um praktische Erfahrungen in verschiedenen Hotels und Restaurants zu sammeln. Von 1902 bis 1911 waren die beiden ständig unterwegs, jedes Jahr kochten sie in einem anderen Hotel, unter anderem im Kempinski in Berlin, im Europahof in Dresden, in den Adlon-Hotels in Berlin und München, im Parkhotel in Frankfurt am Main und im Leipziger Kaiserhof. Wilhelm Braemer und Albert Eckert, später Küchenmeister in dem damals weltberühmten Hotel Bellevue Dresden (von 1853 bis zur Zerstörung 1945 auf der Altstädter Elbseite auf dem Theaterplatz gelegen), blieben noch lange nach ihrer gemeinsamen Wanderschaft in Kontakt.

Der junge Wilhelm Braemer um 1900

Bei einer Kochausstellung 1910 in Berlin begegnete Wilhelm Braemer der Gastwirtstochter Helene Stange aus Köln, die einen tiefen Eindruck bei ihm hinterließ. Die jungen Leute blieben in regem Briefkontakt. Im Mai 1911 fuhr Wilhelm Braemer nach Köln zu Helene, um in deren Restaurant „Zur Goldenen Traube“

Bohlandstraße in Pillkallen

den Küchenchef zu vertreten, der seinen Militärdienst ableisten mußte und später im Ersten Weltkrieg fiel. Anfang 1912 wurde Hochzeit gefeiert, und bereits am 23. Februar 1912 erblickte Tochter Anna das Licht der Welt.

Als Helenes Bruder aus dem Ersten Weltkrieg heimkehrte und alleinige Besitzansprüche auf die „Goldene Traube“ anmeldete, obwohl die Eltern eigentlich beiden Kindern das Restaurant vererbt hatten, kam es zu heftigen Auseinandersetzungen. Der bis dahin als Küchenchef arbeitende Wilhelm Braemer sollte ab sofort das Geschirr spülen und andere niedere Tätigkeiten ausführen. Dafür wollte seine Schwägerin, die nicht einmal gelernte Köchin war, das Regiment in der Küche übernehmen. Da man sich nicht gütlich einigen konnte, beschloß die kleine Familie Braemer 1919, Köln zu verlassen und nach Pillkallen zu ziehen, in die Heimat von Wilhelm. Die Geschichte nahm noch ein äußerst trauriges Ende, denn ein Jahr später hatte Schwager Karl Wilhelm Stange seine Familie und sich selbst umgebracht. Helene mußte in Pillkallen bei Freunden und Bekannten Geld borgen, um die Familie wenigstens würdevoll bestatten zu können. Das Familienerbe schien endgültig verloren.

Wilhelm und Helene wohnten in der Bohlandstraße in Pillkallen zur Miete und arbeiteten bis 1928 im Umkreis von Pillkallen als Hausköche. Sie sorgten für den kulinarischen Rahmen großer Familienfeste; ihre einfachen, aber geschmackvollen kalten Büfetts waren sehr begehrt.

Sehr gern sah man die beiden auch als Gäste auf den Gütern der reichen Braemer-Verwandtschaft im Pillkallener Umland. Wie in Jugendzeiten konnte der Wildliebhaber und Koch Wilhelm Braemer seiner Jagdleidenschaft frönen.

Das erlegte Wild bereitete er dann selbst zu: Bei Familienfesten verwöhnte er seine Gäste stets mit heimischen Spezialitaten, vor allem mit feinen Wildgerichten, die Wilhelm Braemers große Kochkunst offenbarten. Auch die Gesellschaften im Schützenhaus – damals der gesellschaftliche Mittelpunkt Pillkallens – kamen in den Genuß dieser Delikatessen.

Wilhelm Braemer hatte jedoch nicht nur Talent zum Kochen: Ab 1930 vertrat er aushilfsweise den Buchhalter und Lagerverwalter im Krankenhaus von Schloßberg, und als Handlungsreisender war er für bekannte Kochtopffirmen und Messerhersteller unterwegs. Dadurch kannte er sich in ganz Ostpreußen hervorragend aus.

Als dem Meisterkoch Braemer 1943 eine feste Stelle als Koch in einem Krankenhaus in Leipzig angeboten wurde, zog er mit Frau und Tochter nach Leipzig in eine Wohnung nahe dem Völkerschlachtdenkmal. Nach einem unglücklichen Trep-

Geburtstagsgesellschaft in Pillkallen, um 1925

pensturz konnte er jedoch fast anderthalb Jahre nicht arbeiten. Mehrmals kam der Blockwart vorbei und prüfte, ob der „Volksgenosse Braemer“ wenigstens wieder kriegstauglich war. Um der Einberufung zu entgehen, mußte er heimlich in den späten Nachtstunden die Kohlen aus dem Keller holen oder das Holz in handliche Stücke sägen. Tochter Anna stand dann immer oben am Fenster und paßte auf, daß der Blockwart ihn nicht dabei erwischte, der „den Braemer nochmal an die Front bekommen“ wollte. Aber jeder in der Nachbarschaft mochte den netten und höflichen Wilhelm Braemer und gönnte dem Blockwart die Schlappe.

Tochter Anna heiratete im Februar 1945 den Reichsbahner Edwin Münch aus Halle und bewohnte mit ihm eine Gartenlaube. Nach einem schweren Bombenangriff verloren die Eltern Braemer ihre Wohnung und sämtliches Eigentum. Alles, was sie retten konnten, war ein Koffer mit Familienerinnerungen. Anna und ihr Mann nahmen die ausgebombten Eltern in ihrer engen Laube in Halle auf. Dort erlebte die Familie das Kriegsende.

Leipzig, Luftaufnahme von 1943 – das Jahr, als Braemer mit seiner Familie in die Nähe des Völkerschlachtdenkmals zog.

Pillkallen/Schloßberg, Rathaus

Nach und nach wurden alle Gartenlauben in der Gartenkolonie bezogen, auch von Umsiedlern aus Ostpreußen. Mancher von ihnen fand in den Braemers gute Freunde. Besonders groß war die Freude, als 1951 ein Bekannter aus Schloßberg, den Wilhelm Braemer noch aus der gemeinsamen Zeit im Schloßberger Krankenhaus kannte, in der unmittelbaren Nachbarschaft einzog.

1953 erhielt Helene wider Erwarten ihr einstiges Elternhaus zurück und zog mit Wilhelm in die Villa in einem vornehmen Kölner Viertel. Aber ohne Freunde und nette Nachbarn, mit denen man mal übern Zaun plaudern konnte, hielten es die beiden dort nicht lange aus. Das Haus wurde verkauft und das Geld unter allen noch lebenden Verwandten aufgeteilt. Beide Braemers zog es wieder nach Halle/Saale, wo sie von ihren Freunden herzlich empfangen wurden. Mit dem Geld aus dem Verkauf der Villa konnten sie ein kleines Zweifamilienhaus in Halle-Trotha erwerben.

Am 12. Februar 1960 starb Helene an einem Herzinfarkt – an ihrem 80. Geburtstag, Wilhelm überlebte sie um sieben Jahre.

Wilhelm Braemer erzählte immer sehr gern von seiner Heimat, auch von den Küchenspezialitäten, die im Folgenden vorgestellt werden.

„DER PILLKALLER“ – EINE STAMMTISCHSPEZIALITÄT

Leberwurst, schnittfest • Senf, extra scharf
4 cl Doppelkorn oder Wacholderschnaps (Steinhäger oder Gin)

☛ Eine Scheibe Leberwurst mit einem Tupfen Senf garnieren und essen. Mit einem Schnapsglas Doppelkorn „hinunterspülen“.

Eine andere Art des Verzehrs ist die Wurst mit Senf in das Schnapsglas zu geben und mit dem Alkohol zu übergießen. Dann alles zusammen „verzehren“.

„Der Pillkaller“, auch als „Pillkaller Machandel“ bekannt, war eine zur damaligen Zeit in ganz Ostpreußen beliebte alkoholische Spezialität und wird noch heute von Kennern der ostpreußischen Küche als Aperitif getrunken. Das Getränk bekam seinen Namen nach Pillkallen, weil es vermutlich dort erfunden wurde.

„Der Pillkaller“ gehört zur ostpreußischen Lebensart und wird noch heute zu ostpreußischen Gerichten gereicht. In so manchem Spruch oder Gedicht wurde die kuriose Spezialität bejubelt:

Pillkaller Leberwurst

Eine Scheibe Leberwurst,
Mostrich nach Bedarf,
legt man auf ein Glas voll Schnaps
und dann wird man scharf. [...]

Nach dem fünften ist die Welt
nicht mehr mau und mies,
alles sieht so festlich aus
wie im Paradies.

Doch beim zwölften sehnt man sich
nach dem Bettgestell,
und man fragt die eig'ne Frau:
„Woher kommst, Marjell?“

Verfasser unbekannt

Die Pillkaller galten übrigens nicht nur als trinkfest („Es trinkt der Mensch, es säuft das Pferd. In Pillkallen ist es umgekehrt“, lautete ein sehr bekannter ostpreußischer Spruch), sondern auch als rauflustig („Aus Pillkallen ungeschlagen kommen, ist ein Glücksfall“, hieß es). Ob das wirklich der Wahrheit entsprach, konnte die Enkelin von Wilhelm Braemer nicht mit Gewißheit sagen ...

Die Pillkallener Spezialitäten, deren Rezepte auf den folgenden Seiten vorgestellt werden, kocht Erna Hiebel-Münch noch heute gern – nicht nur für Gäste aus Ostpreußen.

PILLKALLER HONIGKUCHEN

300 g Honig • 100 g Zucker • 125 g Butterschmalz • 500 g Weizenmehl
5 g Nelken • 5 g Piment • 5 g Zimt • 5 g Kardamom • 2 TL Zitronensaft
1 TL Orangensaft • 3 Eier • 1 Prise Salz • 5 g Hirschhornsalz
5 g Pottasche, in wenig Wasser aufgelöst • Mandeln zum Verzieren oder Bestreuen

☛ Honig, Zucker und Butterschmalz zusammen im Topf auf der Kochplatte erhitzen. Die Masse soll aber nicht kochen! In der Zeit, da der Honig sich erwärmt, alle Gewürze und die übrigen Zutaten trocken mit dem Mehl vermengen. Die Honigmasse nicht zu heiß dazugeben, danach zwei verquirlte Eier und die aufgelöste Pottasche (als Triebmittel). Nach gründlichem Durchwirken läßt man den Teig am besten zwei Wochen oder wenigstens einige Tage in einem warmen Raum zugedeckt stehen. Den Teig auf ein gefettetes oder bemehltes Blech oder in die Fettpfanne drücken, mit einem verquirlten Ei bestreichen und gehackte Mandeln darüber streuen.

Auf der mittleren Schiene bei 180 °C 20 bis 25 Minuten backen, dann auf 120 °C reduzieren und weitere 5 bis 10 Minuten fertig backen.

PILLKALLER KARTOFFELSALAT

Das ist ein fast hundertfünfzig Jahre altes Rezept aus der Gaststätte von Wilhelm Braemers Eltern. Trotz intensiver Zeitzeugenbefragungen und aufwendiger Nachforschungen in Adreßbüchern konnte der genaue Name der Gaststätte nicht mehr ermittelt werden. Einige sagen, sie hieß „Die Linde“, andere „Zur Eiche“. Enkelin Erna Hiebel-Münch meinte: „Es war etwas mit einem Baum.“

1 kg festkochende Kartoffeln
2 gesäuerte Salzheringe (einen Tag vorher wässern und leicht säuern)
1 bis 2 Zwiebeln (am besten rote Zwiebeln) • 250 ml saure Sahne
3 EL Essig (Kräuteressig) • 1 Prise Zucker • 1 TL Senf, extra scharf
1 Bund Schnittlauch, in Röllchen geschnitten • 1 Bund gehackte Petersilie
1 Bund gehackter Dill • 1 Pck. Kresse, fein geschnitten

☛ Kartoffeln kochen, pellen und in Scheiben schneiden. Heringe filetieren und in kleine Stückchen schneiden, vorsichtig unter die Kartoffeln heben. Saure Sahne mit Essig, Salz, Zucker, Senf, in kleine Würfel geschnittenen Zwiebeln und den Kräutern verrühren. Die Marinade über die Kartoffeln mit den Heringsstückchen gießen. Den Salat eine Stunde an einen kühlen Platz stellen und ziehen lassen.

Pillkallen im Ersten Weltkrieg, Marktplatz im Februar 1915

DIE BRAEMER-SPEZIALITÄT „KÖNIGSBERGER KLOPSE AUS WILDFLEISCH“

Dieses ungewöhnliche Gericht war eine Art Geheimrezept von Wilhelm Braemer. Der begnadete Koch und leidenschaftliche Jäger war sehr erfinderisch. Er jagte gern Wildschweine und verstand es, aus dem reichlichen Fleisch eine Abwandlung der Königsberger Klopse herzustellen.

In der Nachkriegszeit, als die Braemers in Halle lebten, erbeutete er so manches Kaninchen aus den umliegenden Wäldern und bereitete das Fleisch dann nach seinem Geheimrezept zu. So wurden viele hungrige Freunde und Bekannte auch ab und zu einmal richtig satt.

500 g gehacktes Wildfleisch, gemischt • 1 Brötchen
2 große Zwiebeln • 4 große Lorbeerblätter • 12 Körner Piment
2 Eier • 4 EL Mehl • 250 ml Kondensmilch
4 EL Weinbrandessig • Salz, Pfeffer

☛ 2 Liter Wasser mit 1 grob gewürfelten Zwiebel, 4 großen Lorbeerblättern, 12 Pimentkörnern und 2 EL Essigessenz aufkochen. Bei geringer Hitze 25 Minuten kochen. In der Zwischenzeit das Brötchen im Wasser einweichen und anschließend ausdrücken. Die Eier trennen. Die zweite Zwiebel fein würfeln und mit Wildhack, Brötchen, Eiweiß, Salz und Pfeffer zu einem würzigen Hackfleischteig verkneten. Aus der Masse 12 bis 15 Klopse formen. Die Klopse in den Essigsud geben und kochen lassen, bis sie oben schwimmen. Das dauert ca. 15 bis 20 Minuten.

In der Zwischenzeit Mehl und Eigelb in eine kleine Schüssel geben und die Kondensmilch ganz langsam mit einem kleinen Schneebesen hineinrühren (darauf achten, daß keine Klümpchen entstehen).

Die fertigen Klopse, Pimentkörner, Lorbeerblätter und die Zwiebel mit einer Schaumkelle aus dem Topf nehmen und auf einen Teller legen. Dann die Mehlmischung unter ständigem Rühren in den Sud geben und unter Rühren aufkochen, vom Herd nehmen und mit Salz und Essigessenz abschmecken. Dann die Klopse und Zwiebel wieder hinzugeben.

WILHELM BRAEMERS „WILDSCHWEIN-PFLAUMENBRATEN“

150 g Backpflaumen • 100 ml Rotwein • 750 g Wildschweinbraten, aus der Keule
Butterschmalz • 1 große Zwiebel • 3 Nelken • 3 Körner Piment • 12 Wacholderbeeren
Salz • Pfeffer • 500 ml Fleischbrühe aus Wildschweinknochen • 1 Prise Zucker

☛ Backpflaumen mit heißem Rotwein übergießen und mindestens zwei Stunden ziehen lassen. In den Wildschweinbraten eine tiefe Tasche schneiden. Die Backpflaumen abgießen (Rotweinsud auffangen!) und in einem Sieb abtropfen lassen, anschließend fest in die Tasche des Bratens drücken. Die Tasche mit Küchengarn zunähen.

In einem Bräter Butterschmalz erhitzen. Den Schweinebraten mit Salz rundum einreiben und in dem heißen Fett von allen Seiten anbraten.
Die Zwiebel schälen und in Würfel schneiden, mit den Gewürzen zum Braten geben. Das Ganze mit der Fleischbrühe und dem aufgefangenen Rotweinsud ablöschen. Den Braten etwa 60 bis 90 Minuten weich schmoren, anschließend den Braten aus dem Bräter nehmen und warm stellen.

Den Bratensaft durch ein Sieb streichen, mit Salz, Pfeffer und dem Zucker abschmecken, bei starker Hitze die Sauce reduzieren. Den Braten in Scheiben schneiden, mit Rotkraut, Salzkartoffeln oder Kartoffelklößen servieren.

„Der Pillkallener Markt nach der Zerstörung durch die Russen“ (unbek. Künstler), 1915

Dieses Bild hing im Pillkallener Rathaus.
Wilhelm Braemer besaß eine Kopie, die er seiner Tochter vererbte.

SENFEIER
(nach dem Rezept von Wilhelm Braemers Eltern, Pillkallen um 1900)

2 EL Butter • 2 EL Mehl • 1 Tasse Fleischbrühe oder Gemüsebrühe
2-3 EL Senf • Salz • Zucker • Zitronensaft • 2 Eigelb • 8 Eier

☛ Aus Butter und Mehl eine helle Mehlschwitze herstellen, mit der Brühe aufgießen, etwa 10 Minuten kochen, den Senf darin glatt rühren, mit Salz, Zucker, Zitronensaft abschmecken. Von der Herdplatte nehmen und mit 2 Eigelb legieren. Inzwischen 8 Eier hart kochen, pellen, mit dem Eierschneider in Scheiben schneiden und in die Sauce legen. Als Beilage passen Pellkartoffeln und Salat.

Tipp: Die Eigelb zum Legieren der Senfsauce in etwas kalter Sahne anrühren, bevor man diese Mischung der entstandenen Senfsauce zugibt.

Erna Hiebel-Münch sagte dazu: „Ein altes und vielgeliebtes Rezept meines Großvaters, das es bei uns immer nach Ostern gab. Paßt natürlich auch in jede andere Jahreszeit.“

BRAEMERS BÄRENFANG
(Hausrezept aus Pillkallen von 1900)

500 g Honig (allerbester Blütenhonig) • 500 ml Wodka
500 ml Weingeist (96 % vol.), auch Primasprit genannt
2 Stangen Zimt • 1 Vanilleschote, aufgeschnitten
2 Zitronen, unbehandelt, Schalen hauchdünn in Spiralen abgeschält

☛ Den Honig in wenig Wodka bei milder Hitze unter ständigem Rühren flüssig werden lassen. Dann den übrigen Wodka und den Weingeist unterrühren. Die Zimtstangen, die Vanilleschote und die Zitronenschalen dazugeben, unter ständigem Rühren noch mindestens 20 Minuten auf dem Herd lassen. Dabei darf die Mischung aber niemals zum Kochen kommen. Abkühlen lassen und in ein hohes, schmales Gefäß geben.

Gut verschlossen mindestens 10 Tage an einem dunklen, nicht zu kühlen Ort durchziehen lassen. Dann die Gewürze entfernen, den Likör in Glaskaraffen mit breiter Öffnung füllen. Nicht zu kühl aufbewahren, damit der Honig nicht fest wird.

WILHELM BRAEMERS „KÖNIGSBERGER MARZIPAN“

In der Zeit um 1930, als Wilhelm Braemer keine feste Anstellung als Koch hatte, fertigte er nach eigenem Rezept ein „wie echt“ schmeckendes Königsberger Marzipan an und verkaufte es an seine Freunde und Bekannten. Einer seiner besten Abnehmer war der Pillkallener Gastwirt Oskar Komm. Kurze Zeit später mußte Wilhelm Braemer jedoch vorübergehend den immer größer werdenden Zuspruch an seinem Marzipan stoppen. Der Königsberger Marzipanhersteller Rudolf Amende, der in der Hufenallee in Königsberg ein florierendes Geschäft betrieb, schickte ihm die Polizei ins Haus. Dumm nur, daß er die Pillkallener Gendarmen dazu bemühte: Die Hausdurchsuchung endete erfolglos. Der Empfang der durstigen Staatsmacht kostete den Marzipanfälscher zwar etliche Runden Bier mit Bärenfang, das war aber immer noch erträglicher als eine richtige Strafe. Und am Ende waren alle überzeugt: Braemers Marzipan schmeckt einfach besser als das Königsberger!

500 g süße Mandeln • 3-4 bittere Mandeln oder
2-3 Tropfen Bittermandel-Backöl
350 g Puderzucker
2-3 EL Rosenwasser • 2-3 Eiweiß

☛ Zuerst die Mandeln enthäuten. Dafür die Mandeln mit kochendem Wasser übergießen, kurz stehen lassen, dann die Schalen abziehen. Abgezogene Mandeln einige Minuten trocknen lassen, dann die Mandeln so fein wie möglich mahlen. Die gemahlenen Mandeln mit dem Puderzucker und gegebenenfalls dem Backöl mischen. Nach und nach das Rosenwasser zufügen. Alles zu einem festen Teig verkneten. Den Teig 12 bis 24 Stunden an einem kühlen Ort ruhen lassen. Nach dieser Ruhephase die Teigmasse etwa ½ cm dick ausrollen. Nun Motive und Figuren ausstechen und modellieren. Im Backofen bei reichlich Oberhitze (160–180 °C) backen, bis das Marzipan etwas gebräunt ist. Aus dem Ofen nehmen und sofort mit dem Eiweiß bestreichen.

Eine Kindheit im Memelland: Aus einem Briefwechsel mit dem Ostpreußen Klaus Hardt

Die Cousins Klaus und Walter Hardt in Eydtkuhnen, 1943

Insterburg, Sommer 1944 – Januar 1945:
Noch einmal, ehe die Kriegswalze darüber hinging, entfaltete sich meine ostpreußische Heimat in ihrer ganzen rätselvollen Pracht. Wer die letzten Monate mit offenen Sinnen erlebte, dem schien es, als sei noch nie vorher das Licht so stark, der Himmel so hoch, die Ferne so mächtig gewesen. [...] Überall in den Dörfern sah man Menschen stehen und zum Himmel starren, wo die großen vertrauten Vögel ihre Kreise zogen, so, als sollte es diesmal der letzte Abschied sein. [...] In den Nächten sah man zu dieser Zeit die östlichen Grenzstädte [...]. Memel, Tilsit, Schirwindt, Eydtkuhnen – das waren die hellsten, wieder und wieder unter Bombeneinschlägen aufzuckenden Punkte im Verlauf einer im Bogen von Norden nach Süden ziehenden Feuerlinie. [...] Ein paar Tage noch unermeßliches Flüchtlingselend auf allen Straßen – dann trat auf einmal Ruhe ein, eine fast unbegreifliche Ruhe.

AUS: HANS GRAF VON LEHNDORFF, „OSTPREUSSISCHES TAGEBUCH“

Nach dem Erscheinen meines ersten Bandes „Familienrezepte aus Ostpreußen“ bekam ich sehr viel Post, darunter einen Brief von Klaus Hardt, der aus Insterburg aus dem Memelland stammt und heute in Berlin lebt. Daraus entwickelte sich ein reger und umfangreicher Briefwechsel, aus dem ich hier einige Auszüge ungekürzt wiedergeben möchte.

Essen und Trinken in der alten Heimat Ostpreußen

Zu meinen schönsten Kindheitserinnerungen gehört auch das Essen und Trinken in der geliebten alten Heimat. Meine älteste Erinnerung an das Essen – ich muß noch sehr klein gewesen sein – ist die an den Wohnzimmertisch, an dem ich saß und wartete, bis meine Mutter mir das Mittagessen brachte. Es war vermutlich Bratwurst mit Kartoffelbrei. Das esse ich auch heute noch gern.

Bei uns in Insterburg gab es natürlich alle ostpreußischen Gerichte, bis auf einige Ausnahmen. Meine Mutter stammte aus dem Memelland und hatte in Tilsit Hauswirtschaft und damit auch richtig

Insterburg, Partie am Schloßteich, ca. 1915

gut kochen gelernt. Sie kochte unter anderem: Königsberger Klopse, Beetenbartsch, Schütterstroh (Sauerkohl mit Kartoffelbrei), Blinde Fischsupp' (das war Buttermilchsuppe), Falscher Hase, Grützwurst, Sauerkohlsuppe mit Eisbein, Sauerampfersuppe und Mostricheier. Besonders zu erwähnen wären die Stintklopse, die meine Mutter auch gemacht hat, und ich erinnere mich noch genau an den Fischeinkauf in der Markthalle in Insterburg. Flinsen und Keilchen gab es auch, aber die waren nicht mein Fall.

Genannt werden müssen auch die Brennsupp', die Brotsupp' und der Schlunz, drei Gerichte, die erst nach dem Krieg in der schlechten Zeit wieder aktuell wurden. [...]

Meine Eltern legten selbst Sauerkohl ein. Bauer Mellotat aus Groß Warkau brachte jedes Jahr einen Sack voll „Kummstköppe", das war Weißkohl, der in der Küche zerhobelt und mit Salz in ein Faß gestampft wurde.

Zu Weihnachten gab es immer die köstliche Kartoffelwurst. Wenn sie aus dem Bratofen kam und aufgeschnitten wurde, duftete es wundervoll. Und ich durfte schon Malzbier dazu trinken.

Als meine Schwester im März 1944 zur Welt kam und die Mutter in der Landesfrauenklinik war, versuchte mein Vater sie in der Küche zu ersetzen. Ich muß ganz schön verwöhnt gewesen sein, denn am dritten Tag fragte ich ihn, ob er nichts anderes als Bratkartoffeln machen könnte. Von da ab aßen wir im Ratskeller, einem Lokal, das sich gegenüber auf der anderen Straßenseite befand. Das war für mich höchst interessant. Neue unbekannte Gerüche machten auf mich einen unvergeßlichen Eindruck. Eben die typischen Gerüche eines guten alten deutschen Speiselokals. [...]

Tante Emma und ihre Schwester Bertha in Eydtkuhnen, 1941

Bei meiner Großmutter im Memelland wurde ich mit Schmandschinken und Soß-Eierchen verwöhnt, und bei meiner Tante Emma in Eydtkuhnen gab es, wenn wir angemeldet zu Besuch kamen, immer so einen vorzüglichen Kalbsbraten in Schmandsoße mit gemischtem Gemüse, das waren gestovte Möhren und feine Erbsen. Das war mein absolutes Lieblingsessen. Dieses „immer" war aber ein verhängnisvoller Irrtum von mir. Eines Tages ergab es sich, daß wir unangemeldet nach Eydtkuhnen fuhren. Im Zug sagte ich: „Die „Pemms'chen" (das war mein Kosewort für die Tante Emma) wird sicher schon den Kalbsbraten fertig haben." Wohl aus gutem Grund sagte niemand etwas dazu. Als wir ankamen, standen Kartoffelflinsen auf dem Tisch. Da brach für mich eine Welt zusammen. [...] Vor Enttäuschung habe ich dann überhaupt nichts gegessen ...

Gleich neben der Tante Emma wohnte mein Cousin Walter. Der machte sich nichts aus Kalbsbraten und Gemüse. Seine Welt waren Puddings und süße Suppen. Und er ißt auch heute noch keine Buttermilch- oder Sauerampfersuppe.

Die Gerichte meiner Großmutter aus Hoch-Szagmanten (Kreis Ragnit) im Memelland

Schmandschinken, Soß-Eierchen, Buttermilchsupp' und Sauerampfersupp' waren meine Lieblingsgerichte. In den einschlägigen ostpreußischen Kochbüchern

Der Bahnhof von Eydtkuhnen, ca. 1917

Die Bahnfahrten zu Tante Emma nach Eydtkuhnen gehörten zur Kindheit von Klaus Hardt.

sind Buttermilchsuppe und Soß-Eierchen nicht vertreten, daher habe ich das Rezept für die Buttermilchsuppe „rekonstruiert“, mit Erfolg: meiner Frau schmeckt die Suppe sehr gut. Und sie stammt nicht aus Ostpreußen! Meinen Insterburger Landsleuten, mit denen ich seit Jahren korrespondiere, habe ich das Rezept geschickt und alle waren begeistert.

Auf dem Bauernhof in Ostpreußen waren die Grundbestandteile der Gerichte: Kartoffeln, Eier, Speck, Schinken, Pökelfleisch, Rauchfleisch, Milch, Buttermilch, Schmand, Butter, Glumse (Quark), Küchenkräuter aus dem Garten, besonders Schnittlauch und Sauerampfer. Heute ist es gar nicht so einfach, gute Zutaten zu finden. Das fängt schon bei der Buttermilch an. Hier in Berlin gibt es zwei Sorten, eine aus der Uckermark und eine aus Thüringen, die verwendbar sind. Den Rest kann man vergessen …

BUTTERMILCHSUPPE

(für 2 Personen)
700 g mehligkochende, ungeschälte Kartoffeln (= 560 g geschält)
1 kleine Zwiebel (ca. 20 g) • 3 Msp. Gemüsebrühpulver
6 Pimentkörner • 3 Lorbeerblätter
2 Eier • Zucker • Salz
400 ml Buttermilch • 30 g Butter

☛ Die geschälten Kartoffeln in kleine Würfel schneiden und in 1 Liter Wasser mit Gemüsebrühpulver, Salz, der klein gehackten Zwiebel aufsetzen. Nach 10 Minuten Piment und Lorbeer dazugeben. Nach 20 bis 22 Minuten vom Feuer nehmen und noch etwas ziehen lassen. Piment und Lorbeer herausnehmen und den Rest mit dem Stampfer etwas stampfen.

In der Zwischenzeit die Eier – es können auch mehr als zwei sein – nicht ganz hart kochen. Die Buttermilch in die Suppe geben und unter Umrühren aufkochen lassen. Mit Zucker und Salz abschmecken. Die Butter unterrühren. Die abgepellten Eier halbieren und mit der Schnittfläche nach oben in die Teller legen. Die Suppe darüber geben, bis die Eiflächen gerade bedeckt sind.

Wappen von Insterburg (Die Initialen G. F. stehen für den Markgrafen Georg Friedrich, der Insterburg 1583 zur Stadt erklärte.)

In Ostpreußen nannte man:
Lorbeerblätter: „Lorrbaßbläder"
Piment: „Teufelchen"
Zwiebel: „Zippel"

Der Marktplatz von Eydtkuhnen, um 1930

SCHMANDSCHINKEN

☛ Der Schinken, aus dem in Ostpreußen der berühmte Schmandschinken zubereitet wurde, ist heute nicht mehr erhältlich. Behelfen kann man sich mit Kasseler-Kotelett: Den Knochen abschneiden und das Fleisch in Butter und etwas Öl auf beiden Seiten ca. 5 Minuten anbraten. Für die Schmandsoße saure Sahne, Crème fraîche oder Buttermilch mit etwas Mehl zum Andicken verquirlen. Zum Schluß fein gehackten frischen Schnittlauch zum Fett in die Pfanne geben und unter ständigem Rühren aufkochen. Mit Salz, Zucker und etwas Instant-Gemüsebrühe abschmecken. Dazu ißt man Salzkartoffeln.

Brotsuppe

Brotsuppe ist ein fester Bestandteil der ostpreußischen Küche. Mit Zimt, Nelken, Sultaninen, Weißwein und manchmal auch mit Butter und Sahne. Das Grundprodukt für ihre Herstellung war natürlich immer trockenes, also übriggebliebenes, altes hartes Brot. […] Aber selbst mit diesen guten Zutaten wäre sie nicht mein Fall gewesen. Ich bevorzugte immer schon die „handfesten" Gerichte. Bei Suppen: Kartoffelsuppe mit Bockwurst, Beetenbartsch, Sauerkohlsuppe oder Buttermilchsuppe. Aber auch Beetenbartsch mit kleinen Fleischklopsen drin und Kartoffelbrei dazu.

Um so öfter gab es dann die Brotsuppe nach dem Krieg, in der schlechten Zeit. Und wie man so sagte: Ohne alles. Brot, Wasser und Salz waren ihre einzigen Zutaten. Mit „langen Zähnen" hatte ich sie gegessen, der Hunger trieb's rein. Als es dann wieder besser wurde mit der Versorgung, geriet die Brotsuppe schnell in Vergessenheit, bis sich eines Tages folgendes zutrug:

1955 machte ich meine erste Seereise auf einem Fischtrawler. Der Betrieb, in dem ich mein Berufsleben begonnen hatte, baute Echolotanlagen für die Hochseefischerei. Erstmalig durfte ich mit meinem Chef, einem alten Hasen auf dem Gebiet der Hydroakustik, an einer Erprobungsfahrt in die Barentssee teilnehmen. Wir waren bereits einige Wochen unterwegs und befanden uns weit oberhalb des nördlichen Polarkreises in der Nähe der Bäreninsel. Die See war rauh und die Stimmung an Bord schlecht, denn es gab keinen Fisch. Der alte, versoffene Kapitän brubbelte immerfort „Es ist ein Jonas an Bord", und das hätten wir sein können, die sogenannten „Badegäste". Mein erfahrener Chef schlug deshalb vor, uns für einige Zeit einmal nicht mehr auf der Brücke sehen zu lassen.

Klaus Hardt auf seiner ersten Reise auf einem Fischtrawler 1955

Wenn Kapitän und Steuermann die Lage an Bord nicht mehr so richtig im Griff haben, dann ist der Koch gefragt. Er ist sowieso nach den erstgenannten die wichtigste Person auf dem Schiff. Und unser Koch, so ein richtig redlicher Ostpreuße, wollte die Stimmung verbessern und kam auf die verhängnisvolle Idee, zum Frühstück Brotsuppe zu kochen. Sicher hatte er sich dabei nichts Böses gedacht.

Es kam fast zu einer Meuterei. Das Gemaule und Genöle der Mannschaft über diese Brotsuppe war unbeschreiblich und der alte gute ostpreußische Koch bis in das Tiefste seiner Seele beleidigt. [...]

P.S.: Die meisten Köche auf See waren große Könner. 1961 hatte ich an einer Reise auf dem Forschungsschiff „Meteor" teilgenommen. Auf diesem Schiff schwang das Kochgenie Gustav die Suppenkelle. Man begann zu glauben, jeden Tag wäre Ostern, Pfingsten oder Weihnachten. Zu Hause versuchte ich, eine seiner Soßen nachzukochen. In Ostpreußen hätte man dazu „Schmunzelsoße" gesagt. Noch heute gibt es bei uns „Gustavsoße". Gustav war auch viele Jahre Koch bei Emil Jannings (1884–1950), der als erster Schauspieler der Welt einen Oscar erhielt.

BROTSUPPE

☛ Getrocknetes Brot bzw. „Brotkanten" (Enden) in Würfel schneiden, in kaltem Wasser einweichen und dann aufkochen. Durch ein Tuch drücken, mit vorher in Wasser aufgeweichten Rosinen (oder Sultaninen), zwei Nelken sowie etwas Zucker und Salz vermengen und alles nochmals aufkochen.

Anschließend ein wenig saure Sahne unterrühren und vom Herd nehmen. Mit Zucker und Zitronensaft abschmecken.

Klaus Hardt als Kind am Teich in Insterburg

Fischrezepte aus der alten Heimat

Fisch wurde in unserer Familie schon immer gern gekocht, in Insterburg, meiner alten Heimat in Ostpreußen, und auch später nach dem Krieg. Meine Mutter machte in Mangelzeiten sogar Stintklopse aus einem Fisch, der später nicht mehr zu bekommen war.

Durch meinen Beruf hatte ich von Anfang an mit Fischen zu tun; als Mitarbeiter in der Forschung und Entwicklung konnte ich an vielen Fangreisen zur Erprobung der Ortungsgeräte teilnehmen. In der Barentssee gab es Rotbarsch, Katfisch und Kabeljau, in der Nordsee Hering und Makrelen, bei Bornholm Sprotten. Vor Island lernte ich den Lengfisch kennen. In der Biskaya fing man Sardinen, und an der Küste von Westafrika fingen die russischen Fabrikschiffe „Stawriden". Wie dieser Fisch auf deutsch hieß, weiß ich bis heute nicht. Aber in der DDR gab es ihn in russisch beschrifteten Büchsen, hochkant eingestellt und in Öl eingelegt. Eine sehr beliebte Konserve.

Insterburg, Wilhelmstraße

BEETENBARTSCH

reichlich 500 g Rote Beete, kleingeschnitten
600 ml Fleischbrühe (selbst gekocht aus 300-400 g Suppenfleisch mit Knochen, z. B. Rinderbeinscheibe) • Salz, Lorbeerblatt, Piment und Suppengrün
Majoran und/oder Basilikum/Thymian

für die Klopse (8 kugelrunde, kleine Klopse):
250 g Gehacktes, Rind und Schwein gemischt • 1 Ei • 15 g Semmelmehl
1 kleine Zwiebel, fein schneiden • Pfeffer, Salz • 1 EL geschmolzene Butter

☛ Rote Beete in der Brühe ca. 30 Minuten garen. Mit dem Mixstab pürieren. In der Zwischenzeit kleine Klopse zubereiten und in der pürierten Suppe dann 10-12 Minuten garziehen lassen. Zum Schluß die Suppe mit Schmand verfeinern (alternativ: saure Sahne oder Crème fraîche). Dazu auf einem Extrateller Salzkartoffeln, Kartoffelbrei oder Flinsen aus gekochten Kartoffeln reichen.

Eydtkuhnen, Chausseestraße

KOCHFISCH NACH TANTE EMMAS ART
(Rezept aus Eydtkuhnen)

(für 2 Personen)
400 g Fisch (Kabeljau, Seelachs) • 1 Wurzelwerk (80 g Möhre, 80 g Sellerie, 50 g Petersilienwurzel, 1 Zwiebel ca. 25 g)
Fischgewürz (4 Nelken, 6 Pimentkörner, 3 Lorbeerblätter, 1 Zwiebel, 1 unbehandelte Zitrone) • Butter • Mehl • Salz • Zucker
1 Bund Dill

☛ Den Fisch rundum leicht salzen und mit Zitronensaft beträufeln. Das Wurzelwerk putzen und in kleine Würfel schneiden. Aus der Zitronenmitte eine 5 mm dicke Scheibe herausschneiden.

Wurzelwerk, Zitronenscheibe und Gewürze mit 1 TL Zucker und einer Prise Salz mit 400 ml kochendem Wasser aufsetzen und 20 Minuten köcheln.
Den Fisch in Würfel schneiden, in einen Topf geben. Den Sud von dem Wurzelwerk und den Gewürzen durch ein Sieb in den Fischtopf passieren. Wieder aufkochen lassen, anschließend 15 Minuten bei leichter Hitze ziehen lassen.

Aus Butter und Mehl eine Schwitze zum Fischfond herstellen und die Soße mit Salz und Zucker abschmecken. Zum Schluß das gehackte Bund Dill dazugeben, noch einmal kurz aufkochen lassen und dann über den Fisch gießen. Alles noch etwas ziehen lassen. Dazu Salzkartoffeln servieren.

Klaus Hardt (rechts) mit seinem Vater und Tante Emma in Berlin um 1960

FISCHSUPPE NACH TANTE EMMA

(für 2 Personen)
300-400 g Fisch:
je 150-200 g Kabeljau- und Seelachsfilet, wahlweise nur Kabeljau oder Seelachs
60 g Rosenkohl • 40 g Porree, wahlweise auch Zwiebel
50 g Petersilienwurzel • 50 g Sellerie • 50 g Möhre
60 g Blumenkohl, wahlweise auch Kohlrabi oder Romanesco oder Brokkoli
30 g Paprika, vorzugsweise rot spitz, nicht aus Holland
120 g Kartoffeln • 30 g fetter Speck • 10 g Öl
1 Würfel fette Brühe • Gemüsebrühe zum Abschmecken
2 Lorbeerblätter • 4 Pimentkörner • Salz • Zucker
Saft ½ Zitrone
½ Bund Petersilie, 1 Bund Dill

☛ Dicke Stiele der Kräuter können kleingehackt und zum Andünsten genommen werden. ***Zum Andicken:*** Weizenmehl Type 405, 30 g Butter

Den Fisch rundum salzen und mit Zitrone beträufeln. Rosenkohl vierteln, das übrige Gemüse in kleine Würfel schneiden.

Speck in ganz kleine Würfel schneiden und in einer Pfanne mit etwas Öl auslassen. Rosenkohl, Porree und Sellerie darin andünsten (leicht bräunen). Brühwürfel in 1 Liter kochendem Wasser auflösen. Darin den in grobe Würfel geschnittenen Fisch und das andere Gemüse mit Salz und etwas Zucker aufsetzen und 20 Minuten garkochen. Nach der halben Kochzeit die fein gehackte Petersilie und Gemüsepulver dazugeben. Den Topf vom Herd nehmen und etwas ziehen lassen. Die Brühe abgießen.

Aus Butter und Mehl eine Schwitze zubereiten und mit der Brühe aufkochen. Ganz zum Schluß den feingehackten Dill dazugeben. Kurz aufkochen und über den Rest gießen.

Reuschenfeld: Ein untergegangenes Dorf und seine Rezepte

Erntezeit bei Familie Klausien (zweiter von links: Vater Max Klausien), um 1930

Wenn ich mich mit Dorothea Ebert in langen Gesprächen über ihre Kindheit in Ostpreußen unterhalte, wird ihr Heimatdorf Reuschenfeld mit seinen Häusern, Menschen und ihren Geschichten wieder lebendig. Ihre Mutter, Meta Klausien (geb. 1900), und ihre Schwester Christel (geb. 1929) hatten ihr später viel über die alte Heimat erzählt.

Reuschenfeld lag an der Reichsstraße 131, zwischen Nordenburg und Raudischken, und war Bahnstation an der Strecke Gerdauen-Angerburg. Der Bahnhof lag ungefähr einen Kilometer vom Ortskern entfernt. Es war ein kleiner Ort mit ungefähr 390 Einwohnern und 70 Häusern bzw. Höfen. Die meisten Reuschenfelder waren Bauern.

Man muß in der Vergangenheitsform sprechen, weil Reuschenfeld heute nicht mehr existiert. Nach dem Zweiten Weltkrieg wurde die russisch-polnische Grenze

Ons Rieschenföld

De Blomkes blejde ewerall,
De Schwienkes grunsde ennem Stall.
Dat duftend fresche saft'ge Green
Oppe Földer wer so scheen.
Man kann segge, wat man wöll;
Am scheenste weat in Rieschenföll.

Margarete Gause
(geb. 1922 in Reuschenfeld/Ostpreußen, gest. 1999)

genau durch dieses Dorf gezogen und alles dem Erdboden gleichgemacht. So betrachtet ist es ein Glücksfall, daß auf der polnischen Seite immerhin dreizehn Höfe stehengeblieben und bewohnt sind. Aber es gibt kein Reuschenfeld mehr, auch nicht unter polnischem Namen.

Dorothea Klausien auf den Armen des Nachbarn Gerhard Schön vor dem Chausseehaus (früher Zollstation), ca. 1944. Der Bauernhof von Max Klausien lag direkt gegenüber.

Dorothea Ebert, geb. Klausien, kam 1941 in Reuschenfeld zur Welt. Die Familie mußte 1945 wie alle anderen Dorfbewohner fliehen. Der Vater, Max Klausien (geb. 1899), wird seit 1945 im Osten vermißt; die Großmutter starb auf der Flucht. Die Mutter kam mit beiden Töchtern nach Münchhausen (Hessen), Dorothea fand später in Greiz (Thüringen) ein neues Zuhause.

Dieses Bild (entstanden vermutlich 1942) trug die Mutter von Dorothea Ebert, Meta Klausien (links im Bild), während der Flucht am Körper. Dorothea sitzt auf dem Schoß der Großmutter, die die Flucht ebenso wie der Vater (rechts im Bild) nicht überlebte.

Wintervergnügen auf dem Rodelberg in Reuschenfeld, gegenüber vom Haus von Gustav Klausien (ein Vetter von Max Klausien), ca. 1940

Christel Klausien, Dorothea Klausien und Max Fröschke (ein Verwandter der Familie) vor dem Chausseehaus an der Reichsstraße 131, ca. 1943

Einmal servierte mir Dorothea Ebert an einem kalten Dezembernachmittag eine Himbeer-Quiche. Dieses Gebäck schmeckte zusammen mit dem Tee, der von ihr in einer aufwendigen Teezeremonie zubereitet wurde, einfach vorzüglich. Bei dieser Gelegenheit übergab sie mir mehrere Rezepte aus der alten Heimat, in denen Himbeeren eine dominierende Rolle spielen. Kein Wunder: Himbeeren gab es nicht nur in jedem Garten in und um Reuschenfeld in Hülle und Fülle, sondern auch in den Wäldern, und viele Familien hatten dort ihre ganz privaten „Pflückverstecke". Diese wurden dann von Generation zu Generation „weitergeflüstert". Oft waren die Familien an den Sonntagen unterwegs und kamen mit Wassereimern voll Himbeeren wieder heim.

Und so glaubt Dorothea, wenn sie die im Garten in Greiz wachsenden Himbeeren nach den alten Rezepten ihrer Mutter verarbeitet, ihre Kindheit zu schmecken …

Reuschenfeld, Postkarte von ca. 1925

REUSCHENFELDER HIMBEERKUCHEN

für den Mürbeteig:
150 g Weizenmehl • 100 g Butter • 60 g Puderzucker • 1 Päckchen Vanillezucker
80 g Haselnüsse • 1 Eigelb • 1 Prise Salz

für den Rührteig:
100 g Himbeergelee • 150 g Zucker • 3 Eier • 1 Päckchen Vanillezucker
120 g Haselnüsse, gemahlen • 100 g Weizenmehl
1 Päckchen Backpulver • 200 g Himbeeren, frisch oder TK
1 TL Puderzucker

☛ Die Zutaten für den Mürbeteig miteinander verkneten und den Teig in eine gefettete Springform (ø 26 cm) drücken. Mit dem Himbeergelee bestreichen. Anschließend für den Rührkuchenteig die Eier schaumig schlagen, Zucker und Vanillezucker dazugeben. Die gemahlenen Haselnüsse mit dem Weizenmehl und dem Backpulver vermischen und in die Eier-Zucker-Masse rühren. Das Ganze auf den Mürbeteigboden verteilen und schön glatt streichen. Die Himbeeren darauf verteilen und bei 180 °C Mittelhitze 45 Minuten backen. Nach dem Abkühlen mit Staubzucker bestreuen.

Winterweg durch Reuschenfeld, ca. 1940

Ernte 1932: Vater Max Klausien und die dreijährige Schwester Christel (auf dem Pferd)

Reuschenfeld hatte zwei Dorfgaststätten, zugleich Tanzlokale – „Warwel" und „Possekel" –, in denen vor allem Bier, Rum und Korn von guter Qualität geschätzt wurden. Der Rum und der 97-prozentige Spiritus wurden in Fässern geliefert und aufbewahrt. Der Wirt verdünnte dann den Spiritus mit Wasser, aber nach den strengen Vorschriften des Wirtschaftskontrolldienstes. Wenn der Wirt den Alkohol zu sehr verdünnt hatte, mußte er mit empfindlichen Strafen rechnen. Das machte aber kein Wirt in Reuschenfeld, denn noch mehr als die amtlichen Kontrollen fürchteten die Wirte den gerechten Zorn der Gäste.

Die Spezialitäten in den beiden Dorfgaststätten waren „Koks" (ein Glas Rum mit einem Stück Würfelzucker drin), „En Witter mit em Punkt" (Korn mit einem Tropfen Himbeersaft) und der „Bärenfang" (Likör aus Honig und Alkohol) – sowie im Winter der heiße Grog nach folgendem „Rezept": *Rum muß, Zucker kann und Wasser braucht nicht!*

Die Kinder bekamen ab und zu von den Eltern eine Zitronenlimonade oder gar ein Malzbier spendiert.

Krug Possekel in Reuschenfeld, ca. 1938

Brauerei Kinderhof in Gerdauen

Ihre Schwester Christel erzählte ihr einmal von einem Weinfest in Possekels Gasthaus, wo es nur Wein zu trinken gab, keinen Schnaps, auch kein Bier. Nun tranken zwar die Frauen gern einmal ein Glas Wein, aber die Männer waren doch für kräftigere Sachen. Der Vater und ein Nachbar saßen an einem Tisch und hatten auch ihre Weingläser vor sich stehen. Nur der Inhalt war kein Wein – sie hatten mit Frau Possekel ausgehandelt, daß sie ihnen klaren Schnaps aus der Weinflasche eingoß.

Am Nebentisch saß ein anderer Dorfbewohner, der das Ganze bemerkte. Als Frau Possekel ihn fragte, ob er noch ein Glas Wein möchte, sagte er: „Dat Tiech kannst eene oole Su vere Noarsch köppe doa quikt de nöch moal. Öck wöll oak dat watt de hebbe“, und zeigte auf den Nebentisch. Er bekam dann auch den „Wein“ aus der „besonderen Flasche“ …

Brauerei Kinderhof – die älteste Brauerei Ostpreußens

In der Gastwirtschaft der Familie Possekel wurde nur das Bier der Brauerei Kinderhof aus dem nahegelegenen Gerdauen ausgeschenkt. Die Brauerei Kinderhof war die älteste und größte Privatbrauerei Ostpreußens. Bereits zur Ordenszeit existierte am selben Ort eine Brauerei, die von Konrad Freiherr von Romberg um 1800 modernisiert und schließlich 1882 von Alfred von Janson gekauft und mit großem Erfolg geführt wurde.

Produziert wurden unter anderem die Marken „Kinderhöfer Schloßbräu“, „Kinderhöfer Hochmeister Bier“ und „Kinderhöfer Caramelbier“. 2002 sollte die Brauerei an einen Sankt Petersburger Bierproduzenten verkauft werden, jedoch brannte kurze Zeit später das Haupthaus ab, heute ist nur noch eine Ruine vorhanden.

Die Kirmes in Reuschenfeld

Hin und wieder gab es im Dorf eine besondere Abwechslung: Im Hof und im Garten der Gastwirtschaft Possekel wurden Buden, eine Schiffsschaukel und ein Kettenkarussell aufgebaut. Damit die Schaukeln sich auch schnell genug drehen und den höchsten Punkt erreichen konnten, wurden die Äste der angrenzenden Obstbäume abgesägt. Die Schausteller blieben immer eine Woche. Der dazugehörige Kirmestanz war sehr beliebt, möglicherweise auch, weil man zu diesem Anlaß gern der Dorfobrigkeit, dem Ortspolizisten, einen Streich spielte. So wurde einmal sein Fahrrad ganz oben in einen Baum gehängt, ein anderes Mal füllte man ihm seine abgelegte Dienstmütze, während er das Tanzbein schwang, voll mit Senf. Alles lachte, als sich dann der Gendarm die Dienstkopfbedeckung nach dem Tanz vorschriftsmäßig wieder aufsetzte …

Kindergeburtstag bei Familie Possekel mit Kindern der Familie Klausien in Reuschenfeld, um 1940.

Folgendes Getränk ist Dorothea Ebert in lebhafter Erinnerung geblieben und wird von ihr noch heute oft zubereitet:

REUSCHENFELDER HIMBEERTRUNK

250 g frische Himbeeren • 250 ml Buttermilch • 80 g Honig
Saft einer halben Zitrone • 1 Schuß Korn • 250 g süße Sahne

☛ Himbeeren abwaschen und durch die flotte Lotte drehen. Zitronensaft, Honig und Korn dazugeben und mit einem Schneebesen kräftig schlagen. Die Buttermilch einrühren und alles für eine Stunde kalt stellen. Jetzt die Sahne steif schlagen und unter die Masse heben. In einen Tontopf füllen und nochmals für 2 Stunden in den kühlen Keller stellen.
Aus dieser Masse läßt sich im Haushaltseisbereiter auch ein wunderbares Eis zaubern …

Wenn im Dorf jemand gestorben war, waren die Nachbarn die Grabmacher und hielten einen „Bewachabend" ab. An diesem Abend kamen die Familie und die Nachbarn am Sarg zusammen, tranken Kaffee, aßen Kuchen und sangen gemeinsam Lieder aus dem Gesangsbuch. Nach dem Begräbnis wurde stets noch einmal Kaffee und Kuchen sowie ein Abendessen gereicht. Und immer lag ein Gedeck mehr auf dem Tisch – sinnbildlich für den Verstorbenen.

REUSCHENFELDER HIMBEERKUCHEN
(Rezept von 1920)

500 g Weizenmehl • 200 g Zucker • 200 g Butter • 1 Eigelb
500 g rote Himbeeren • 1 Päckchen Vanillezucker • 4 EL Johannisbeergelee

☛ Das Weizenmehl mit dem Zucker mischen, die kalte Butter in Stückchen schneiden und mit der Hand einkneten. Das Eigelb zugeben und alles zu einem streuselartigen Teig kneten. Den Teig halbieren und die eine Hälfte in eine gefettete Springform (ø 26 cm) geben. Jetzt die Himbeeren waschen, mit Vanillezucker und dem Johannisbeergelee vermischen und auf dem Teig verteilen. Anschließend den Rest des Streuselteigs daraufgeben. Im vorgeheizten Ofen bei 180 °C 40 Minuten backen.

Man sollte diesen leckeren Kuchen möglichst frisch und nicht zu kalt essen!

REUSCHENFELDER HIMBEERLIKÖR

☛ 5 Kilogramm Himbeeren gut waschen und abtropfen lassen, in einen großen Ballon einfüllen, danach 5 Liter Kornbranntwein und zum Schluß 1 Kilogramm weißen Kandiszucker zugeben. Jetzt den Ballon verschließen, für mindestens vier Wochen an einen dunklen Ort stellen und gelegentlich gut schütteln. Nach vier Wochen absieben und die Beeren in einer Presse auspressen und in Flaschen füllen. Kühl servieren!

Bauern bei der Ernte in Reuschenfeld, um 1930

REUSCHENFELDER HIMBEERESSIG

500 ml Weißweinessig • 1 kg rote Himbeeren
300 g Zucker • 2 Vanilleschoten

☛ Den Weißweinessig mit dem Zucker langsam und nicht zu stark erwärmen, bis sich der Zucker vollständig aufgelöst hat. Die gewaschenen Himbeeren und die ausgeschabte Vanilleschote dazugeben und so lange leicht köcheln, bis die Beeren vollständig aufgeplatzt sind. Alles durch ein Sieb geben und nochmals durch ein Tuch filtern. In die heißen Flaschen füllen und sofort verschließen.

In jeder Familie wurde ein Schwein gehalten. Wenn es genug Speck angesetzt hatte, kam der Hausschlachter, um bei der Schlachtung selbst und bei der Verarbeitung des Fleisches zu helfen. Manche Bauern und Großfamilien schlachteten oft mehrere Schweine zusammen. Es wurden verschiedene Sorten Wurst gemacht, z. B. Leberwurst, und das Fleisch in einer Tonne eingepökelt. Dauerwürste, Speckseiten und Schinken wurden in der Räucherkammer haltbar gemacht. Nach dem Wurstkochen erhielten die Nachbarn die Wurstsuppe und die besonders guten Bekannten ein paar Würste zum Probieren.

Dorothea Ebert erinnerte sich an so manche Küchenspezialität, die dazu gereicht wurde, zum Beispiel Keilchen, auch „Kielges" genannt: Aus einem rohen Kartoffelteig, ähnlich rohen (Thüringer) Klößen, wurden kleine runde Klößchen geformt, im sprudelnden Salzwasser gargezogen und zu gebratenem Schweinebauch und mit im Schweinefett gedünsteten Zwiebeln gegessen.

Dazu gab es oft Sauerkraut („Kumst"). Im Dorf war eine Kohlschneidemaschine vorhanden, die sich jeder Krautliebhaber ausleihen konnte. Der Weißkohl kam dann mit Salz in eine Tonne, ein großer Stein drückte die Kohlschnitzel zusammen und durch den Gärprozeß entstand das Sauerkraut.

Berühmt war auch der Kohlrübeneintopf, den ihre Mutter machte und der in der ganzen Familie gern gegessen wurde.

Das „Wahrzeichen" von Reuschenfeld

KOHLRÜBENEINTOPF NACH MUTTER KLAUSIEN

500 g Kaßler • 750 g Kohlrüben • 500 g Kartoffeln • 2 Zwiebeln
1 Lorbeerblatt • 5 Gewürzkörner (Piment) • 1 TL Majoran
1 TL Butter • 1 EL Mehl
1 EL gehackte Petersilie • Salz, Kümmel

☛ Fleisch in 1 ½ Liter Wasser unter Zugabe von Lorbeerblatt, Gewürzkörnern und geviertelten Zwiebeln garkochen, dann die Brühe durch ein Sieb gießen. Geschälte Kohlrüben und Kartoffeln in kleine Würfel schneiden, in der Brühe garkochen, kleingeschnittenes Fleisch dazugeben und mit den übrigen Gewürzen abschmecken. Das Mehl in heißer Butter anschwitzen, in den Eintopf geben und zum Schluß mit gehackter Petersilie bestreuen.

Mutter Meta Klausien, geb. Weidkuhn,
im Reuschenfelder Garten, ca. 1927

Küchentraditionen von der Weichsel: Familie Kubert aus Groß Weide

Anna Kubert (li.) mit Enkelsohn Georg auf dem Arm, 1956

Ostpreußen war Grenzland, vom Reich durch den Polnischen Korridor abgetrennt. Von dorther wehte ein Wind, der das Herz bewegte, ein Geist, der Opferbereitschaft herausforderte. Es war kein neutrales Leben, das dort geführt wurde. Man wurde gebraucht. Das hatten wir Kinder schon früher immer empfunden, wenn wir im Sommer zu unseren Großeltern fuhren. Meistens war es eine Nachtfahrt. Aber es wurde ja früh hell, und wir setzten unseren Ehrgeiz darein, die Weichsel nicht zu verschlafen. Ihr Anblick gehört zu meinen stärksten Kindheitseindrücken. Wenn das Tempo des Zuges sich verlangsamte, so gegen vier Uhr morgens, waren wir plötzlich hellwach ... Unter uns zog der wunderbare Strom breit und schicksalsschwer durch das stille Land, kleine und größere Strudel bildend, die in der Morgensonne aufleuchteten. ...

AUS: HANS GRAF VON LEHNDORFF, „MENSCHEN, PFERDE, WEITES LAND: KINDHEITS- UND JUGENDERINNERUNGEN“

Margarete, am Neujahrstag 1936 geboren, kann stundenlang über Groß Weide erzählen, über die Weichsel und deren Eigenheiten, über Erlebnisse in der Kindheit, so daß vieles wieder lebendig wird.

Ihre Mutter und die Vorfahren der Familie stammten aus Kurzebrack (heute polnisch: Korzeniewo) bei Groß Weide (heute polnisch: Pastwa) in Ostpreußen, einem kleinen Ort in der Nähe der Weichsel, der 1933 nur 395 Einwohner zählte. Der Ort gehörte zum Landkreis Marienwerder, der 1920 im Zuge der deutsch-polnischen Grenzziehung geteilt wurde. Nur östlich der Weichsel gelegene Orte, darunter auch Kurzebrack, zählten fortan weiter zu Deutschland; 1922 wurde der Kreis in die Provinz Ostpreußen eingegliedert.

Marienwerder, Dom, Schloß und Dansker, aufgenommen ca. 1935

Die Großeltern von Margarete Nickel (geb. Kubert) waren Wasserbauarbeiter Josef Wendt und seine Frau Antonia. Deren Tochter Anna, später verheiratete Kubert und Mutter von Margarete, hatte die ganze Familie durch die letzten schrecklichen Tage des Zweiten Weltkrieges gebracht, und sie war es auch, die ihren Kindern und Enkeln, vor allem ihrem Enkelsohn Georg (genannt „Nickel-Schorsch"), immer ein Vorbild war und bei ihnen das Interesse für das Kochen weckte.

Familie Wendt gehörte zu den alteingesessenen Familien in Kurzebrack/Groß Weide und war stets stolz auf ihren Familiensinn und die Traditionspflege, auch in der Küche. Die überlieferten Rezepte machen deutlich, wie sehr die nahe Weichsel die dort ansässigen Menschen geprägt hat. In Gesprächen mit Margarete und ihren Kindern habe ich viel über Eßgewohnheiten in Ostpreußen erfahren. Vor allem Fische aus der Weichsel standen auf der Speisekarte: Hecht, Zander, Wels,

Foto vom Zugang der Provinz Ostpreußen zur Weichsel bei Kurzebrack, ca. 1930

Deutschland erhielt laut Versailler Vertrag in Kurzebrack einen ungehinderten Zugang zur Weichsel, der in einer ca. vier Meter breiten Straße durch polnisches Gebiet bestand. Zu Beginn des Zweiten Weltkriegs war Kurzebrack einer der Aufmarschpunkte für den Angriff auf Polen.

Der Großvater Anton Kubert (gefallen 1944/45)

Karauschen und viele andere Fische, die es damals in der Weichsel gab und heute noch gibt.

Margarete erzählt viel von ihrer Mutter Anna, die später liebevoll in der Familie die „Oma mit dem siebten Sinn" genannt wurde, und von ihrem Vater, Anton Kubert, einem gelernten Metzger, der in Rußland gefallen ist – wo und wann, weiß die Familie bis heute nicht. Margarete erinnert sich, daß die Mutter ihre Kinder eines Tages im Winter 1944/45 früh weckte und zu ihnen sagte: „Ich habe diese Nacht von eurem Vater geträumt. Er hat sich von mir verabschiedet …" Wenig später kam tatsächlich die Vermißtenmeldung. Auch andere Begebenheiten sah sie voraus. So klopfte sie einmal in der Morgenfrühe, noch bevor die Familie aufgestanden war, an die Wohnungstür ihrer Tochter und hatte Zitronen und fiebersenkende Medikamente dabei, weil sie geträumt hatte, eines der Kinder

Familie Kubert in Crimmitschau 1949

von links nach rechts: Anna Kubert, Sohn Hans, Sohn Gerhard, Tochter Margarete

hätte hohes Fieber – was sich als richtig erweisen sollte.

Margarete Nickel ist die Flucht im Jahr 1945 noch überaus gegenwärtig. Sie übernachteten in Scheunen, zwischen den Kühen, weil es in der Nacht dort warm war. Tagsüber zogen sie weiter und versteckten sich schließlich in einem leerstehenden Kino in einer kleinen Stadt in Pommern, wo die Familie einen schlimmen Bombenangriff erlebte. Anschließend kamen sie für einige Tage auf einem Bauernhof in Kukow (Pommern) unter. Sie erinnert sich ganz genau, daß ihre Mutter Anna für einen sowjetischen Offizier Kartoffelpuffer machte, vorher jedoch davon probieren mußte, ehe der Offizier sie aß. Dieser Offizier gab ihr für ihre kranken Kinder aber auch Geld, damit sie mit den Kindern zum Arzt gehen konnte. Hans, der 16jährige Sohn, bettelte und stahl notgedrungen für die ganze Familie das Essen zusammen. Einmal nahm er Margarete zum „Kohlen organisieren" mit. Die Züge, die die Kohlen transportierten, verloren in den Kurven manchmal Kohlenstücke, die unter Lebensgefahr aufgesammelt wurden. Das Zugpersonal war nicht immer freundlich zu den Kindern, die die Kohlen zusammenholten: Noch heute hat Margarete eine Delle am Kopf, wo ein Schaffner ihr ein Stück Kohle an den Kopf geworfen hatte. Nachdem Dr. Reinhardt in Crimmitschau das Kind medizinisch versorgt hatte, lief die Mutter wutentbrannt zu dem Verantwortlichen und stellte ihn zur Rede.

Im Spätsommer 1947 ging es für die ganze Familie im Viehwagen von Crimmitschau weiter nach Leipzig, anschließend wieder nach Crimmitschau, wo man ab 1950 endlich eine eigene Wohnung in der Fabrikstraße hatte.

In der ersten Wohnung schliefen alle noch auf Stroh, erst nach und nach konnten sie sich die Wohnung behaglicher einrichten. Bei alldem vergaßen sie nie ihre Heimat, auch weil Anna Kubert und später ihre Tochter Margarete die alten ostpreußischen Gerichte kochten, die mittlerweile Enkel Georg in vierter Generation kocht und weitergibt.

Seit 1960 ist Seelingstädt bei Werdau (Thüringen) der Wohnort von Familie Nickel.

Oma Annas Originalrezepte – aus ihren Notizen übernommen

Anna Kubert war bekannt für ein Fischrezept, das sie von ihrer Mutter und diese wiederum von ihren Vorfahren geerbt hatte:

OMA ANNAS KOCHFISCH IN SAURER SAHNE

☛ Pro Person mindestens 200 Gramm Fischfilet nehmen und vorher entgräten. In einem Topf 1 Liter Wasser erhitzen und Möhren, Selleriekraut und Zwiebel hineingeben – alles geschält und klein geschnitten. 15 Minuten köcheln lassen, dann die folgenden Gewürze zugeben: 10 Körner Piment, 2 Lorbeerblätter, 1 Teelöffel Salz und 1 Eßlöffel Weinessig. Jetzt die Fischportionen hineingeben und 20 Minuten lang garziehen. Das Wasser darf nicht mehr kochen. Den Fisch herausnehmen und heiß stellen. Jetzt die Fischbrühe noch einmal kochen lassen und dann in einen anderen Topf durchseihen. Nochmals aufkochen, 200 Gramm saure Sahne einrühren und sämig werden lassen. Die Sauce vor dem Servieren über den Fisch gießen. Dazu passen Salzkartoffeln.

Die drei Geschwister aus Groß Weide im Jahr 1994: Anna Kubert geb. Wendt, Paul Wendt, Trude Kretzschmar geb. Wendt

SAUERAMPFERSUPPE NACH ANNA KUBERT
(von Oma Anna „Sauerapfersuppe" genannt)

1 l Geflügelbrühe • 0,5 kg Kartoffeln • 3 Eier
eine große Handvoll Sauerampferblätter (frisch gepflückt)
Salz und Pfeffer nach Belieben

☛ Die Geflügelbrühe aus einem Suppenhuhn, 2 Möhren, 1 Sellerie und einer Zwiebel herstellen. Das gekochte Hühnerfleisch als Grundlage für einen Geflügelsalat oder Hühnerfrikassee verwenden.

Die Kartoffeln in Stückchen schneiden und in der durchgeseihten Geflügelbrühe fast garkochen. 3 hartgekochte, gewürfelte Eier dazu geben, dann alles mit Pfeffer und Salz würzen. Anschließend den frisch gepflückten, gut abgespülten und in ein Zentimeter große Stücke geschnittenen Sauerampfer in die Brühe geben und alles 15 Minuten am Herdrand warm halten. Dadurch kann der Geschmack des Sauerampfers richtig in die Geflügelbrühe eingehen.

Anmerkung des Autors zum Sauerampfer: *Man kann Sauerampfer ähnlich wie Spinat zubereiten bzw. ihn mit diesem mischen, damit ein etwas würzigerer Geschmack entsteht. Junge Blätter können an Salate geschnitten oder auch an Saucen und Omelettes gegeben werden. Besonders bekannt und beliebt ist die Sauerampfersuppe in Belgien und Frankreich. Sie schmeckt heiß und auch eisgekühlt. Auch bei Verdauungsbeschwerden ist Sauerampfer ein bewährtes Heilmittel.*

OMA ANNAS QUARK-PIROGGEN

für den Teig:
350 g Weizenmehl • 1 Ei
0,75 l Wasser • Salz

für die Füllung:
500 g Quark • 2 Eigelb
50 g Zucker • 2 Pck. Vanillezucker

Zum Ausbacken verwendete Oma Anna Butterschmalz – so schmeckte es am besten!

☛ Die Zutaten zu einem Teig verarbeiten und eine halbe Stunde zugedeckt stehen lassen. Den Quark mit Zucker und Vanillezucker verrühren. Jetzt den Teig ausrollen und 6 cm große, runde Kreise ausstechen. Jeweils einen Teelöffel Quarkmasse darauf geben, an den Rändern mit Eigelb bestreichen, einen ausgestochenen Quarkkreis darauf geben und mit einer Gabel vorsichtig die Ränder andrücken.

Jetzt die Piroggen im heißen Butterschmalz ausbacken und warm stellen. Dazu wurde oft halbfest geschlagene Schlagsahne gereicht.

Anmerkung des Autors: *Piroggen sind heute in Osteuropa sehr verbreitet. Ukrainische Einwanderer machten sie aber auch zu einem sehr populären Gericht in Kanada, wo sie unter dem Namen* perogies *mit vielen verschiedenen Füllungen in den Tiefkühltruhen jedes Supermarktes zu finden sind. In Deutschland kennt man sie vor allem aus der deutschbaltischen Küche. Echte Schlesier nennen sie auch* Pirogen.

Als Füllungen sind Gehacktes, Quark, weißer Bauernkäse oder Frischkäse, gebratener Speck, gut gewürzte Kartoffelmasse aus gekochten Kartoffeln, gedünstete Pilze, Weißkohl (auch Sauerkraut) oder Obst üblich. Am besten schmecken sie, wenn sie in Butterschmalz oder Fett ausgebacken werden. Auch eine leichte Joghurt-Dip-Sauce mit Kräutern, z. B. Dill, paßt dazu sehr gut.

OMA ANNAS KARTOFFELSALAT
(wird noch heute von der Familie nach dem Originalrezept zubereitet)

In Ostpreußen wurde dazu meistens gebratener Fisch serviert, der in der nahen Weichsel gefangen wurde. Heute gibt es bei den Enkeln Gegrilltes im Garten von Seelingstädt in Thüringen.

(für 4 Personen)
2 kg festkochende Kartoffeln • 2 Möhren
1 Kopf Sellerie • 2 Eier
1 Zwiebel • 2 saure Gurken • 2 Äpfel
2 große Stengel Dill
200 g Schmand (oder Joghurt)
Salz • weißer Pfeffer

☛ Zuerst die Kartoffeln mit der Schale kochen, dann pellen und in dünne Scheiben schneiden. Möhren und Sellerie schälen und ebenfalls kochen, dann würfeln. 2 Eier hartkochen und würfeln. Alles in einer Schüssel miteinander vermischen. Die Zwiebel, die Gurken und die Äpfel in kleine Stückchen schneiden und zu der Möhren-Sellerie-Eier-Mischung geben. Den Dill zupfen und unter den Schmand heben. Jetzt die Kartoffelscheiben gut mit weißem Pfeffer und Salz würzen und alle Zutaten vorsichtig dazugeben. Alles eine halbe Stunde stehen lassen und nochmals bei Bedarf mit Pfeffer und Salz abschmecken.

DIE BERÜHMTE SCHUSTERTUNKE

☛ Durchwachsenen Speck in kleine Würfel schneiden, goldgelb andünsten und einen Eßlöffel Weizenmehl dazugeben. Etwas Wasser dazugießen und mit Salz und Pfeffer würzen.

Dazu gab es gekochte Kartoffeln und gebackenen Fisch aus der Weichsel (nach Erzählungen der Familie Nickel: Hecht, Wels, Aal, Neunaugen oder Flunder).

OMA ANNAS KÖNIGSBERGER KLOPSE

☛ 500 Gramm Gehacktes (halb Schwein, halb Rind), 1 verquirltes Ei, Pfeffer und Salz zusammenkneten und eine halbe Stunde zugedeckt stehen lassen. Dann kleine Bällchen formen. In der Zwischenzeit in einem Topf 1 ½ Liter Wasser mit 1 Zwiebel, 2 Lorbeerblättern, 5 Pfefferkörnern, einem Teelöffel Kapern, einer geschälten, würflig geschnittenen Möhre und einem geschälten, gewürfelten Kopf Sellerie eine halbe Stunde leicht kochen lassen. Jetzt die Bällchen dazugeben und den Topf an den Herdrand ziehen. Nach 20 Minuten sind die Fleischbällchen gar. Jetzt den Topf wieder auf den [illegible]ihe aufkochen lassen. Etwas Weizenmehl in saurer Sahne an- [illegible] Dann noch einmal aufkochen lassen, bis die Soße sämig wird. [illegible]ffeln servieren.

[illegible]s: *Mit diesem Rezept habe ich nun 107 verschiedene Familien- [illegible]* Klopsen *– ein Phänomen! Jede Familie hat diese ostpreußische [illegible]t, und die Kinder und Enkel kochen es nun heute in ihrer eigenen Familientradition weiter.*
Besonders der Enkelsohn Georg (genannt Schorsch) Nickel kocht heute noch sehr gern nach den Originalrezepten seiner Oma Anna und hat damit großen Erfolg bei Familie und Arbeitskollegen.

Marienwerder, Bahnhofstraße

Das Kochbuch von Erna Schlesiger aus Mehlsack

Erna Schlesiger mit ihrem Küchenchef und väterlichen Freund Edmund Poweleit, 1911

Heimat ist für die meisten Menschen etwas, das vor aller Vernunft liegt und nicht beschreibbar ist. Etwas, das mit dem Leben und Sein jedes Heranwachsenden so eng verbunden ist, daß dort die Maßstäbe fürs Leben gesetzt werden. Für den Menschen aus dem Osten gilt das besonders. Wer dort geboren wurde, in jener großen einsamen Landschaft endloser Wälder, blauer Seen und weiter Flußniederungen, für den ist Heimat wahrscheinlich doch noch mehr als für diejenigen, die im Industriegebiet oder in Großstädten aufwuchsen.

MARION GRÄFIN DÖNHOFF
(geb. 1909 in Friedrichstein/Ostpreußen, gest. 2002)

Im Jahr 2006 besuchte Herma Strehlow mit einer Gruppe Senioren die Heimat ihrer Großmutter Erna Strehlow, geb. Schlesiger: Mehlsack im Walschtal, wie es im einstigen Ostpreußen hieß.

Endlich konnte sie den Ort besuchen, um den sich die sehnsuchtsvollen Erzählungen ihrer Großmutter rankten. An der Pforte des ehemaligen Stadtmissionshauses (heute Missionspriesterseminar der Gesellschaft des Göttlichen Wortes), wo die Großmutter lange Zeit als Köchin gearbeitet hatte, legte sie einen Rosenstrauß nieder. Herma Strehlow dachte dabei an Pater Heide, von dem die Großmutter stets viel Gutes erzählt hatte, den Herma aber nicht mehr kennenlernen konnte.

Im 13. Jahrhundert errichteten die Prußen an einem Steilhang über dem Fluß Walsch (Walsza) eine Festung, die sie „Malcekuke“ nannten, was soviel wie „Teufelsgrund“ hieß. Aus „Malcekuke“ wurde bei den sich hier ansiedelnden Deutschen erst „Melzak“, später „Mehlsack“. So hieß auch der Ort, der rund um die Ordensburg entstand und 1284 erstmals urkundliche Erwähnung fand. Um 1315 erhielt das idyllisch im Walschtal gelegene Mehlsack bereits das Stadtrecht. Trotz wachsender Einwohnerzahl (1939 rund 4000) und baulicher Erweiterungen bewahrte sich die Stadt stets einen charmanten ländlichen Charakter.

In Friedenszeiten war das Walschtal ein beliebter Ort für Erholungssuchende und Freunde botanischer Studien. Man konnte seltene Pflanzen wie den Frauenschuh entdecken und Tiere beobachten; es gab einen Naturlehrpfad, Heilquellen und sogar ein Kurhaus.

Mehlsack, Blick auf die katholische Kirche St. Peter und Paul und die Schleusen

Im Zweiten Weltkrieg wurde die Innenstadt völlig zerstört; Mehlsack verlor nicht nur das Stadtrecht, sondern auch den Namen. Seit 1947 heißt der Ort im Landkreis Braniewski in Ermland-Masuren (Polen) *Pieniezno*; heute leben wieder ungefähr 3000 Einwohner hier.

Von der einstigen Schönheit der Stadt kündet die erhaltene fünfschiffige katholische Pfarrkirche St. Peter und Paul, die 1893 an der Stelle des mittelalterlichen Vorgängerbaus errichtet wurde. Von der ehemaligen imposanten Ordensburg sind nur noch Ruinen geblieben, die Altstadt jedoch – mit Rathaus, dem nach Plänen von Karl Friedrich Schinkel errichteten Turm und evangelischer Kirche – wird seit Ende der 1990er Jahre nach dem erhaltenen Grundriß so gut wie möglich rekonstruiert und wiederaufgebaut.

Die Geschichte von Erna Schlesiger beginnt in Königsberg, wo sie am 9. September 1873 als uneheliches Kind von Hermine Schlesiger geboren wurde. Mutter Hermine arbeitete als Hausköchin im Haushalt eines höheren Staatsbeamten. In dessen Bedienstetenhaus lebten Mut-

Großer Saal des Stadtmissionshauses in Königsberg, um 1900

ter und Tochter bis zum plötzlichen Tod der Mutter 1881.

Die erst 8jährige Erna kam zu Verwandten nach Mehlsack im Kreis Heilsberg. Mit 12 Jahren begann sie sich für das Kochen zu interessieren. Bauer Emil Schlesiger freute sich über ihr reges Interesse und darüber, daß sie seiner Frau in der Küche zur Hand ging. Mit 14 Jahren begann Erna eine Art Hausmädchenlehre im hiesigen Missionshaus Sankt Adalbert. Von ihrer Mutter hatte sie ein 1870 begonnenes handgeschriebenes Kochbüchlein geerbt. Erna ergänzte das Büchlein nun um eigene Rezepte, so daß ein dickes Kochbuch daraus wurde. Die nachfolgenden Rezepte sind alle diesem Buch entnommen.

Der ortsansässige gütige Pater Heide beschaffte der jungen Frau 1894 eine Stelle in Königsberg. Die 21jährige Erna arbeitete nun als Hilfsköchin in einer der vielen Kleinküchen der Stadtmission Königsberg. Sooft ihre Arbeit es zuließ, fuhr sie heim und half der Bauernfamilie Schlesiger auf dem Hof.

In Königsberg lernte sie den Koch Eduard Wagner kennen und verliebte sich

Königsberg, Blick auf die Börse

in ihn. Durch Ernas Chef und väterlichen Freund Edmund Poweleit bekam Eduard eine Stellung als „Springer-Koch", der oft zwischen den einzelnen Küchen hin- und herpendeln und im Krankheitsfall einspringen mußte. Dadurch wurde er aber auch zu einer unentbehrlichen Fachkraft.

Eduard begleitete Erna immer gern bei ihren Besuchen in Mehlsack und packte auf dem Bauernhof mit an. Dort schrieb Erna weiter an ihrem Handbuch der Ostpreußischen Küche. Pater Heide hatte ihr geraten, das schriftliche Erbe der Mutter eines Tages zu veröffentlichen.

Im Herbst 1915 merkte die mittlerweile fast 42jährige, daß sie schwanger war. Eduard Wagner wollte sie daraufhin sofort heiraten. Obwohl Erna von jedem gewarnt wurde, so spät noch ein Kind zu bekommen, wollte sie es unbedingt haben. Kurz vor der geplanten Hochzeit mußte Eduard jedoch in den Krieg. Zunächst war er als Stabskoch in Berlin eingeteilt, doch dann wurde er nach Frankreich geschickt, wo eine Gewehrkugel sein Leben beendete. So konnte er seinen am 4. Mai 1916 geborenen Sohn Eduard nicht mehr kennenlernen. Ein Königsberger Kamerad,

Der gesellige Eduard Wagner (hintere Reihe, rechts), zusammen mit Kollegen und Bekannten in Königsberg, um 1914

der Erna Schlesiger später besuchte, erzählte ihr, daß Eduard mit Ernas Namen auf den Lippen gestorben sei.

1923 starb auch der väterliche Freund Edmund Poweleit, und Erna Schlesiger ging mit ihrem 7jährigen Jungen, der gerne auf dem Land war, für immer zurück nach Mehlsack. Dort half sie gelegentlich in der Missionsanstalt St. Adalbert aus. Als das Haus 1938 zu einer Schule umfunktioniert wurde, arbeitete sie dort als Köchin.

Sohn Eduard erlernte in Heilsberg bei einem Kaufmann die Grundzüge der Buchhaltung. 1939 wurde er eingezogen. Bei einem Heimaturlaub 1940 verliebte er sich in Heidi Strehlow, die Tochter eines Reichsbahners. Sie beschlossen, nach Heidis 21. Geburtstag zu heiraten, denn ein Kind war unterwegs. Doch das tragische Familienschicksal sollte sich wiederholen: Gegen Ende der Schlacht um Stalingrad fiel Eduard, ohne seine kurz vorher geborene Tochter Herma einmal im Arm gehalten zu haben.

Mehlsack, Innenstadt, um 1935

Weitere Tiefschläge folgten: Heidi Strehlow erkrankte schwer und starb Weihnachten 1943. Enkeltochter Herma kam in die Obhut von Erna Schlesiger. 1944 floh Erna mit ihrer Enkeltochter aus Ostpreußen und fand Anfang 1945 in Eisenach ein Obdach, wo sie als Hilfsbuchhalterin im dortigen Missionshaus arbeitete. 1949 wurde schließlich Bad Kösen ihre neue Heimat, die ihr die alte Heimat jedoch nicht ersetzen konnte: Erna Schlesiger sehnte sich Tag für Tag nach Mehlsack zurück. Als sie 1963 durch einen Schlaganfall bettlägerig wurde, flüsterte sie der Enkeltochter zu, daß sie Heimweh nach Mehlsack habe. Sie erholte sich leider nicht mehr, Herma blieb allein zurück. Sie kümmerte sich mit ihrer ganzen Kraft und Herzensgüte bis zu ihrer Rente in Kinderheimen um Waisen.

WIRSING-HACKFLEISCHTOPF NACH ERNA SCHLESIGER

800 g Hackfleisch (Schwein) • 3 Zwiebeln
2 Eier • 3 Knoblauchzehen
2 TL Senf, möglichst scharf • Salz, Pfeffer
1 TL getrockneter Majoran
Paniermehl • Öl • 150 g magerer Speck • 1 Wirsing
1 EL Tomatenketchup • ½ l heiße Gemüsebrühe
1 TL Kümmel • frisch geriebener Muskat
Speisestärke

☛ Für die Hackbällchen das Hackfleisch, eine geschälte, fein gewürfelte Zwiebel, die Eier und den feingehackten Knoblauch vermischen. Die Masse mit Salz, Pfeffer, Senf und Majoran würzen. Paniermehl nach Bedarf zufügen und die Masse ca. 30 Minuten kalt stellen, damit alles durchzieht.

Kleine Bällchen formen und in heißem Öl in einem großen Schmortopf rundum braun anbraten. Herausnehmen, auf Küchenkrepp abtropfen lassen und beiseite stellen.

Den Speck in etwa 3 cm lange, schmale Streifen schneiden. Die beiden restlichen Zwiebeln schälen, halbieren und in feine Scheiben schneiden. Vom Wirsing die äußeren Blätter entfernen. Dann den Kopf vierteln, den Strunk herausschneiden und den Kohl in etwa 1 cm breite Scheiben schneiden.

Im Hackbällchenbratfett die Speckstreifen braten. Zwischenzeitlich das Tomatenmark zugeben und mitrösten. Dann die Zwiebelstreifen zufügen und goldgelb anschwitzen. Nun den geschnittenen Kohl hineingeben und mit anbraten, dabei öfter umrühren. Wenn der Kohl eine hell- bis mittelbraune Farbe angenommen hat, mit der heißen Brühe ablöschen. Mit Salz, Pfeffer, Kümmel und Muskat würzen und etwa 30 bis 45 Minuten bei geschlossenem Topf schmoren. Ab und zu umrühren und ggf. etwas heißes Wasser nachfüllen. Zum Schluß noch einmal abschmecken. Mit in wenig Wasser angerührter Speisestärke binden. Nun die Hackbällchen unterheben und heiß werden lassen. Sofort mit Salzkartoffeln oder Kartoffelpüree servieren.

Kurhaus in Mehlsack

ERNA SCHLESIGERS WIRSINGPFANNE

500 g Hackfleisch, gemischt (halb Rind, halb Schwein)
2 EL Öl • 1 Zwiebel, gewürfelt • Salz, Pfeffer, etwas gemahlener Kümmel
1 kg Wirsing, in Streifen geschnitten
1 kg Kartoffeln, geschält und gewürfelt
200 ml Gemüsebrühe • 200 ml Sahne
120 g Käse, gerieben (Edamer)

☛ Hackfleisch in heißem Öl krümelig braten, Zwiebel dazugeben und kurz mitbraten. Mit Salz und Pfeffer würzen.

Wirsing, immer eine Handvoll, nach und nach zum Hack geben und zusammenfallen lassen. Kartoffelwürfel dazugeben. Brühe zugießen, aufkochen lassen. Mit Salz, Pfeffer und Kümmel würzen und zugedeckt 20 Minuten bei mittlerer Hitze garen. Sahne und Käse unterrühren, nochmals abschmecken.

SCHWEINEBRATEN MIT BACKPFLAUMENFÜLLUNG (Mehlsack um 1920)

1 kg Kotelettfleisch, eine Tasche einschneiden • 1 Apfel • 150 g Backpflaumen
Majoran • Salz, Pfeffer • 150 ml saure Sahne
2 Scheiben Mischbrot zum Andicken der Sauce

☛ Den Ofen auf 180 °C vorheizen. Den Braten schön mit Salz einreiben (auch die Tasche). Den Apfel schälen, entkernen und in Spalten schneiden. Die Apfelspalten mit den Backpflaumen mischen. Majoran nach Geschmack dazugeben, leicht pfeffern. Die Füllung in die Tasche geben, mit Rouladennadeln verschließen.

Den Braten in einen Bräter setzen, etwas heißes Wasser dazugießen und in den Ofen schieben. Den Braten 1 ½ Stunden im Ofen lassen. Zwischendurch ab und zu wenden und immer wieder mit Wasser begießen.

Wenn der Braten braun ist, herausnehmen. Zum Bratenfond saure Sahne geben. Die Brotscheiben ohne Rand zerkrümeln oder reiben. Damit die Soße andicken und mit Salz und Pfeffer abschmecken. Braten in Scheiben schneiden, Soße darüber gießen und mit Klößen und Rotkohl servieren.

Walschtalbrücke bei Mehlsack

WEISSKOHL NACH ERNA SCHLESIGER

100 g Gänseschmalz • 1 kg Weißkohl, in feine Streifen geschnitten
3 säuerliche Äpfel, geschält, entkernt, in kleine Spalten geschnitten
1 Zwiebel, fein gewürfelt • 1 EL Kümmel • Salz, Pfeffer • 1 Prise Zucker
1 TL Majoran • 1 EL Mehl

☛ Das Fett heiß werden lassen, Zwiebelwürfel und Apfelspalten darin glasig anschwitzen und den Kohl mit etwas Salz dazugeben. Zugedeckt Wasser ziehen lassen. Es soll nur wenig Fond entstehen, in dem der Kohl weich geschmort wird.

Wenn der Kohl gar ist, herzhaft süßsauer mit Salz, Pfeffer, einer Prise Zucker sowie Kümmel abschmecken. Zum Schluß Majoran dazugeben und den Fond mit dem angerührten Mehl binden. Noch einige Minuten ziehen lassen.
Eine ideale Beilage zu allen Fleischgerichten.

EIN TAUBENREZEPT NACH ERNA SCHLESIGER (Mehlsack 1912)

1 Täubchen, frisch oder gefroren
100 g Butter • 30 g gewürfelter Speck
500 ml Buttermilch • 200 ml Sahne
Salz • Pfeffer • Zucker

☛ Das Täubchen von den Innereien befreien (nach Belieben können diese beim Täubchen mitgebraten werden). Die Butter und den Speck in einen Bräter geben und auf dem Herd anbraten, nach ein paar Minuten das Täubchen dazugeben und auch kurz mit anbraten. Derweil den Ofen auf 180 °C vorheizen.

Den Bräter geschlossen in den Ofen geben. Insgesamt muß das Täubchen ca. 1 ½ Stunden im Ofen bleiben, dabei ca. alle 20 Minuten das Täubchen mit dem Bratenfett übergießen und in den letzten 20 bis 30 Minuten den Deckel entfernen, damit es schön braun und knusprig wird. Dann die Buttermilch zugeben, kurz darauf die Sahne hinzufügen. Alles gut umrühren, die Soße mit Zucker und Salz abschmecken.
Dazu gab es Erbsen, Bohnen oder Pilze.

In das nahegelegene Braunsberg fuhr Erna Schlesiger mit ihrem Sohn oft zum Einkaufen von Schuhen, Kleidung oder Naschereien.

HEILSBERGER GENESUNGSTRUNK
(nach Erna Schlesiger)

500 g Blütenhonig • 500 ml klarer Schnaps • 500 ml Primasprit • 2 Stangen Zimt
2 Vanilleschoten, aufgeschnitten • abgeriebene Schale von 1 Zitrone

☛ Den Honig in wenig klarem Schnaps bei milder Hitze unter ständigem Rühren flüssig werden lassen. Dann den übrigen Klaren und den Primasprit unterrühren. Die Zimtstangen, die Vanilleschoten und die Zitronenschalen dazugeben, unter ständigem Rühren noch mindestens 20 Minuten auf dem Herd lassen. Dabei darf die Mischung aber niemals zum Kochen kommen. Abkühlen lassen und in ein hohes, schmales Gefäß geben.

Gut verschlossen mindestens 10 Tage an einem dunklen, nicht zu kühlen Ort durchziehen lassen. Dann die Gewürze entfernen, den Likör in Glaskaraffen mit breiter Öffnung füllen. Nicht zu kühl aufbewahren, damit der Honig nicht fest wird.

Johannisburg und das jüdische Ostpreußen: Erinnerungen von Hedwig Kluge

Hochzeit von Hedwig und Herbert Kluge in Johannisburg, 1938

Masurische Landschaft

Musik der Erde: wie in diesem Land
die tausend Hügel sanft sich überschneiden,
schwarzbraune Äcker und smaragdne Weiden;
darin der Bäche blütenblaues Band.
[...]
Musik der Wasser: wie die weiten Seen,
die tausend Seen, die ringsum verstreut,
in dieses Landes tiefer Einsamkeit
mit leuchtend blauen Märchenaugen stehen.

FRITZ KUDNIG
(geb. 1888 in Königsberg/Ostpreußen, gest. 1979)

Die mittlerweile verstorbene Hedwig Kluge, geb. Schütz (1911–2008), übergab mir Familienrezepte aus Johannisburg, wo sie während ihrer Kinderzeit oft die Sommermonate bei Verwandten verbrachte.

Im Mai 2007, kurz vor ihrem Tod, besuchte ich sie in Greifswald und hörte ihre beeindruckende Lebensgeschichte. Die damals 95jährige Hedwig hielt mir vier Stunden lang einen bemerkenswerten Vortrag über Johannisburg und die Verfolgung der jüdischen Ostpreußen. Tief bewegt fuhr ich damals heim. Beim nachträglichen Recherchieren in Archiven und beim Befragen von Zeitzeugen wurde mir erst richtig bewußt, welch unendliches Leid der deutsche Nationalsozialismus verschuldet hat: Kaum ein jüdischer Ostpreuße hat den Krieg überlebt.

Im September 1911 wurde Hedwig in Königsberg geboren. Sie war das einzige Kind von Ernst Schütz (1874–1944) und seiner Ehefrau Gunda, geb. Müller (1879–1969). Der Vater arbeitete als Lehrmittelverwalter an der Königsberger Universität. In der Nähe wohnte auch die kleine Familie. Hedwig konnte sich noch gut daran erinnern, daß der Vater Tag für Tag mit Krawatte und Anzug zur Arbeit ging und dort stets einen sauberen und akkurat gebügelten weißen Arbeitskittel darüber anzog. Die Aktentasche enthielt jeden Morgen genau drei belegte Brote, einen Apfel und

Königsberg, Stadtleben um 1935

die Thermoskanne mit Lindenblütentee. Die Lindenblüten für den Tee sammelten Mutter und Tochter während der Lindenblütenzeit. Diese mit Königsberg untrennbar verbundene Zeit trug Hedwig Kluge als Erinnerung tief in ihrem Herzen. Noch bei unserem Gespräch konnte sie mir sagen, wo in Königsberg die Linden mit den ertragreichsten Blüten standen.

Hedwig besuchte die Mädchenschule in Königsberg, die sie 1931 mit einem sehr guten Abitur abschloß, und begann anschließend ein Studium als Lehrerin für die Unterstufe an der Universität in Königsberg. Der Vater war sehr stolz auf sein „Marjellchen", wenn er sie aus seinem Arbeitszimmer inmitten der Studenten sah. Oft verbrachte sie die Pausen mit ihm in seinem mit alten Büchern und Landkarten vollgestellten Zimmer und trank mit ihm zusammen den Lindenblütentee, gesüßt mit etwas Honig. Dieser Geschmack hatte sich ihr ins Gedächtnis gegraben.

Anläßlich des sehr guten Abiturabschlusses luden die Eltern Hedwig ins „Blutgericht" ein, eine damals bekannte Gaststätte in Königsberg. Als sie 1936 ein

Universität Königsberg, um 1940

„diplomiertes Fräulein Lehrerin" wurde, konnte sie sich mit einer Gegeneinladung revanchieren.

Die Mutter von Hedwig, Gunda Schütz, hatte mit ihrer Cousine Ida eine herzliche und liebevolle Verbindung, von der auch Hedwig profitierte. Oft besuchte man sich gegenseitig. Ida war mit dem Forstbeamten Franz Adamski verheiratet und lebte in Johannisburg. Wenn Franz dienstlich in Königsberg zu tun hatte, übernachtete er mit Ida bei den Schützes. Während der Schulferien reiste Gunda mit ihrer kleinen Tochter oft für einige Tage nach Johannisburg. Manchmal durfte Hedwig auch die gesamten Ferien bei Ida bleiben und die Eltern holten sie dann nach Wochen herrlichen Kinderurlaubs wieder ab.

Johannisburg (heute das polnische Pisz), im Südosten von Ermland-Masuren gelegen, wird umringt von Seen der Masurischen Seenplatte sowie der sich südlich der Stadt erstreckenden Johannisburger Heide.

Im 17. Jahrhundert wurde die Stadt durch Tatarenangriffe und einen großen Stadtbrand schwer in Mitleidenschaft gezogen, ebenso durch Besetzungen und Plünderungen während der Kriege im 18. Jahrhundert. Dennoch erholte sich die Stadt wirtschaftlich im 19. Jahrhundert – der Holz- und Getreidehandel so-

Umgebung von Johannisburg – das Kinderparadies von Hedwig Kluge, Fotografie von ca. 1941

wie die Leinenwebereien florierten. Während des Ersten Weltkriegs besetzte die russische Armee Johannisburg ein halbes Jahr lang, zerstörte viele Gebäude und verschleppte einen Großteil der Einwohner nach Sibirien.

Der Wiederaufbau nach dem Krieg wurde auch durch die Patenstadt Leipzig möglich gemacht. Bei der Volksabstimmung 1920 entschieden sich die Johannisburger für die Zugehörigkeit zu Ostpreußen und damit zu Deutschland. Das Ende der deutschen Stadt Johannisburg markiert der sowjetische Bombenangriff vom 19. Januar 1945, der fast zwei Drittel der Stadt auslöschte. Am 24. Januar wurde Johannisburg kampflos von der Roten Armee erobert.

In und um Johannisburg lebten viele Juden, deren Vorfahren als Fischer und Kaufleute ab 1847 eingewandert waren. So entstand im Laufe der Zeit in Johannisburg eine eigene jüdische Gemeinde. Es gab eine Synagoge und sogar ein rituelles Bad (Mikwe).

Schon seit frühester Kindheit wurde Hedwig von ihren Eltern zu einem Menschen erzogen, der freundlich, offen und vorurteilsfrei auf andere Menschen zuging. Und so knüpfte Hedwig, die auch als

Marktplatz mit Rathaus in Johannisburg

Studentin in ihrer semesterfreien Zeit oft nach Johannisburg fuhr, vor dem Beginn der öffentlichen Judenverfolgung Freundschaften zu jüdischen Familien. An einige dieser Familien erinnerte sich Hedwig Kluge noch lebhaft, zum Beispiel an Familie Toller, die noch rechtzeitig nach Amerika auswandern konnte.

Die engste Beziehung hatte sie jedoch zur Familie Bischburg. Im Reichshof am Markt (das Kino in Johannisburg) sahen sie sich oft gemeinsam Filme an oder besuchten sogar zusammen den jüdischen Friedhof in der Luisenallee.

Durch die Bekanntschaft mit den Bischburgs lernte Hedwig Kluge die jüdische Kultur und Geschichte kennen, aber auch die jüdischen Küchentraditionen. Die hochbetagte Großmutter Bischburg schenkte ihr ein handgeschriebenes Kochbuch, und bald verstand es Hedwig, vorzügliche Gerichte nach diesen alten Rezepten zuzubereiten. Die Zutaten besorgte sie auf dem Johannisburger Wochenmarkt, der jeden Dienstag stattfand und auf dem Eier, Gemüse und sehr guter Fisch frisch angeboten wurden.

Viele Gastwirte in der Umgebung von Johannisburg waren jüdischen Glaubens, und manchmal durfte Hedwig den Köchinnen zur Hand gehen und mit ihnen die traditionellen jüdischen Gerichte kochen. Bisweilen arbeitete die Studentin auch im Büro der Masovia-Brauerei oder half als Serviererin bei Veranstaltungen in Hotels und Gaststätten in Johannisburg aus. Einer der Hotelbesitzer, der liebenswürdige Otto Maslowski, steckte ihr bei Dienstschluß gelegentlich einen Geldschein als Extra-Dankeschön zu.

Markttag in Johannisburg, ca. 1930

In Königsberg gab es das Israelitische Waisenhaus, in dem Hedwig Kluge nach ihrem Studienabschluß als Hauslehrerin arbeiten wollte. Doch mit der Machtergreifung der Nationalsozialisten kam alles ganz anders. Bereits 1928 war der spätere Gauleiter Erich Koch Chef der NSDAP in Ostpreußen – er bezeichnete die Juden als „Grundübel" und stiftete zu Anschlägen gegen jüdische Mitbürger an. Spätestens ab 1933 kam es zu immer brutaleren öffentlichen Angriffen auf Juden, die Hedwig Angst machten. Sie beschwor die Bischburgs zu fliehen – in die Freiheit, nach England oder Amerika. Doch die Familie zögerte zu lange. Als sie sich endlich dazu entschließen konnte, war es bereits zu spät. Die Familie Bischburg überlebte wie so viele andere jüdische Familien Ostpreußens den Vernichtungsfeldzug der Nazis nicht.

Hedwig konnte nicht begreifen, daß immer mehr Johannisburger ihre „arischen" Wurzeln entdeckten und 75 Prozent bereits 1932 für die Hitlerpartei stimmten, ein Jahr später sogar 85 Prozent. Für viele jüdische Bürger wurde klar, daß sie fliehen mußten, wenn sie überleben wollten. Der Judenhaß machte auch vor angesehenen jüdischen Geschäftsleuten nicht halt. Es gab Aufrufe wie zum Beispiel „Kauft nicht bei Juden" oder Kunden wurden am Betreten jüdischer Geschäfte gehindert. Hedwig Kluge mußte miterleben, wie man Schaufensterfront und Eingangstür vom Geschäft des von ihr sehr geachteten Benno Toller beschmierte. Viele jüdische Männer waren Kriegsteilnehmer im Ersten Weltkrieg gewesen und trugen stolz ihre Kriegsauszeichnungen. Das hinderte die jungen SA-Männer nicht, sie zu mißhandeln und zu schikanieren.

Im Frühjahr 1935 verließen viele Königsberger Juden ihre Heimat; der Direktor des Israelitischen Waisenhauses, Adolf Peritz, starb 1936. Hedwigs Zukunftspläne waren zerstört.
1937 lernte Hedwig bei einer Familienfeier der Familie Adamski in Johannisburg den Postangestellten Herbert Kluge kennen, mit dem sie eine gemeinsame Weltsicht verband; 1938 heirateten die beiden. In die Zeit der Hochzeitsvorbereitungen fielen die Judenverfolgungen. Die Kluges konnten hier und dort zwar helfen, aber nicht verhindern, daß viele ihrer jüdischen Freunde unendliches Leid traf. Sie wohnten zunächst in Johannisburg, nicht weit von der Familie Adamski, in der Graf-York-Straße.

Bis zuletzt hielt Hedwig den Kontakt zur Familie Bischburg aufrecht, obwohl ihr Ehemann das nicht guthieß. Immer heimlicher mußte Hedwig Kluge ihre jüdischen Freunde besuchen. Im Oktober 1938 wurden Juden polnischer Staatsangehörigkeit nach Polen ausgewiesen. Einige konnten sich in Palästina eine Zukunft aufbauen; vielen Juden gelang die Ausreise jedoch nicht: Die letzten noch in Ostpreußen lebenden Juden wurden 1942 nach Theresienstadt deportiert und ermordet.

Bahnhof in Johannisburg

Von hier aus wurden die Johannisburger Juden deportiert.

Herbert Kluge wurde nach dem Polenfeldzug zur Wehrmacht eingezogen und fiel 1943. Hedwig kehrte daraufhin nach Königsberg zurück. Anfang 1944 starb auch ihr geliebter Vater. Zu der Zeit arbeitete sie gelegentlich als Lehrerin in Königsberg, weil alle männlichen Kollegen an der Front waren. Ein Bekannter ihres Vater vermittelte ihr schließlich eine Stelle als Lehrerin in Greifswald, die sie im September 1944 antrat. Hedwig zog mit ihrer Mutter nach Greifswald.

1969 starb die Mutter und Hedwig Kluge war allein. Einsam war sie trotzdem nicht, weil sie viele Menschen um sich hatte, denen sie in ihrer uneigennützigen Art half. Sie liebte Kinder und bis zu ihrer Rente ging Hedwig Kluge voll in ihrer Arbeit in einer Behindertenschule auf. Nach ihrem beruflichen Ausscheiden 1976 arbeitete sie weiter in einer kirchlichen Einrichtung.

Oft bekam sie Besuch aus Königsberg und Johannisburg. Da wurden Erinnerun-

Familienfeier bei Adamski, 1937

gen wach an die alten Zeiten, gemeinsame Freunde und Bekannte oder an die Arbeit in Gaststätten, Hotels und im Büro der Brauerei Masovia, an Erlebnisse in Johannisburg und Königsberg.
Mit Verwandten des Hotelbesitzers Otto Maslowski aus Johannisburg hatte sie noch sehr lange Kontakt. Gar zu gern hätte sie gewußt, ob es der Familie Toller, die zum Glück rechtzeitig nach Chicago auswanderte, dort gut ergangen ist.

Fast alle Juden, ob aus Königsberg oder aus Johannisburg, die Hedwig Kluge kannte, sind in den Vernichtungslagern der Nazis umgekommen. Mir ist noch lebhaft in Erinnerung, mit welchem Abscheu sie über die menschliche Grausamkeit in der deutschen Geschichte sprach.

Als ich 2008 Hedwig Kluge wieder einmal anrufen wollte, erfuhr ich von der Nachbarin, daß sie Anfang 2008 verstorben war.

Hedwig Kluge liebte es, die alten Freunde bei ihren Besuchen in Greifswald zu bewirten. Oft kochte sie Gerichte nach Rezepten aus dem Kochbuch der Familie Bischburg. Die folgenden Rezepte hatten wir noch zusammen aus diesem Kochbuch ausgesucht.

Steinbrücke in Johannisburg, um 1935

Wissenswertes zur jüdischen Küche

Die jüdische Küche ist eine der ältesten Küchen überhaupt. Sie basiert auf den jüdischen Speisegesetzen, den Kaschrut, *die in der Tora (den fünf Büchern Mose) schriftlich fixiert sind. Diese gehören fest zur jüdischen Religion und Kultur und bestimmen den Alltag aller gläubigen Juden. Die Mahlzeiten sind Bestandteil des religiösen Rituals; oft kommt den Speisen auch eine symbolische Bedeutung zu.*

Die Speisegesetze beinhalten eine Fülle von Geboten und Verboten. Die wichtigsten davon sind: 1. Es dürfen nur „reine", koschere (siehe unten) Tiere gegessen werden. 2. Man muß milchige von fleischigen Speisen trennen.

Der Mensch ist, was er ißt. *Diese einfache, aber wesentliche Erkenntnis liegt auch den Vorschriften der jüdischen Küche zugrunde. Wichtige jüdische Philosophen waren der Ansicht, daß die in der Thora verbotenen Speisen dem Menschen tatsächlich schaden, körperlich und seelisch. Somit ist das Befolgen der Speisegesetze, die Gott durch Mose übermittelt hat, der Grundstein für ein gesundes Leben.*

Lycker Straße in Johannisburg. In dieser Straße befand sich die Synagoge (im Bild links), die während der Reichspogromnacht 1938 zerstört und anschließend abgerissen wurde.

Was ist koscher?

Das Wort koscher (hebräisch: רשכ ‚kascher‘) bedeutet ‚tauglich‘ bzw. ‚rein‘, d. h. ‚für den Verzehr geeignet‘. Auch Stoffe, Eßgeschirr, religiöse Gegenstände, selbst die Thora-Rollen können bzw. müssen „koscher“ sein.

Durch Diaspora (hebräisch: ‚Verstreuung‘) und Vertreibungen bildeten sich in Europa zwei Gruppen von Juden heraus: die aschkenasischen (in Ost- und Mitteleuropa lebenden) und die sephardischen (hauptsächlich in Spanien lebenden) Juden. Beide haben jeweils ihre ganz eigene Küche entwickelt – eine Verbindung der jeweiligen Landesküche bzw. der zur Verfügung stehenden Lebensmittel mit den jüdischen Speisevorschriften.

Die jüdische Küche Ostpreußens ist vor allem durch die typischen aschkenasischen Gerichte geprägt: Gefilte Fisch *(„Gefüllter Fisch“ – eine typische Sabbat-Speise),* (der) Kugel *(ein süßer oder herzhafter Auflauf),* Piroggen *(gefüllte Teigtaschen),* gebackener Hering, Käse-Blintzen *(Eierkuchen),* Bejgl *(ein volkstümliches Gebäck) und andere.*

Die Küchenrezepte von Hedwig Kluge (aufgeschrieben 1930 bis 1935):

GEDÜNSTETES HUHN MIT PFLAUMEN

1 Huhn • 4 Brötchen, altbacken • 200 g Pflaumen • 250 ml heiße Milch
2 Eier • 3 Äpfel, entkernt und gewürfelt • 1 Bund gehackte Petersilie
1 TL Majoran • Salz, Pfeffer • Öl zum Anbraten • Honig zum Bestreichen

☛ Das Huhn waschen, salzen und pfeffern. Die Brötchen würfeln und gemeinsam mit den entkernten, zerkleinerten Pflaumen mit der heißen Milch übergießen. Etwas abkühlen lassen und dann die restlichen Zutaten (bis auf den Honig) untermischen. Die Masse gut mit Salz und Pfeffer würzen. Jetzt die Masse in das Huhn geben. Das Huhn mit Küchenfaden zubinden und in einem Bräter in etwas Öl von allen Seiten gut anbraten, mit der Brust beginnen. Dann mit der Brust nach oben bei 180 °C im Ofen 1 bis 2 Stunden garen. Zwischendurch mit Honig bestreichen.

JOHANNISBURGER SPECK-ZWIEBELKUCHEN

250 g Mehl • 1 Würfel Hefe • 150 ml Wasser • 2 EL Öl • ½ TL Salz

Belag:
80 g Butter • 2 Eier • 300 g saure Sahne oder Crème fraîche
1 TL Kümmel • 150 g Schinkenspeck • 500 g Zwiebeln

☛ Mehl in eine Schüssel geben, Hefe im warmen Wasser auflösen, mit Salz und Öl zum Mehl geben. Alle Zutaten zu einem glatten Teig verkneten. Im Backofen bei 50 °C ca. 15 Minuten gehen lassen. Dann auf einem Backblech ausrollen. Butter cremig rühren, Eigelb und saure Sahne zufügen, zuletzt den gewürfelten Schinkenspeck und die feingewürfelten Zwiebeln unterrühren. Mit Kümmel würzen und auf dem Hefeteig verteilen. Nochmals im Backofen bei 50 °C ca. 15 Minuten aufgehen lassen, dann bei 200 bis 220 °C goldgelb backen und in Stücke schneiden.

JOHANNISBURGER APFELKUCHEN
(nach einem Rezept der Familie Bischburg)

1 kg säuerliche Äpfel, geschält, entkernt
abgeriebene Schale und Saft von 1 Zitrone • 4 Eier • 250 g Staubzucker
4 EL Zucker • 250 g Rapsöl • 1 TL Zimt • 250 g Mehl • 2 TL Backpulver
1 Tütchen Vanillepulver

☛ Den Backofen auf 180 °C vorheizen. Ein Kuchenblech fetten. In einer großen Schüssel die Apfelstückchen in Zitronenschale und -saft wenden. In einer zweiten Schüssel die Eier, 2 EL Zucker und den Staubzucker mit einem Handrührgerät 3-5 Minuten schaumig schlagen. Das Öl sorgfältig unterschlagen. Mehl mit Backpulver, Zimt und Vanille vermischt einrühren, bis die Masse gut verrührt und glatt ist. Die Hälfte der Masse in die vorbereitete Form gießen. Mit einem Löffel die Hälfte der Äpfel über den Teig geben. Die Apfelstückchen mit der restlichen Teigmischung bedecken, und darüber weitere Apfelstücke verteilen. Mit ca. 2 EL Zucker bestreuen. 75 bis 90 Minuten bei ca. 180 bis 200 °C backen, bis die Äpfel weich sind und der Kuchen schön golden gebräunt ist.

JOHANNISBURGER KARTOFFELAUFLAUF

5 große Kartoffeln • 1 Zwiebel • 3 Eier
3 EL Mehl • 100 ml Öl • 1 TL Salz
½ TL Pfeffer • Knoblauchzwiebel, fein hacken

☛ Die Kartoffeln schälen und danach reiben. Die Zwiebel schälen und reiben. Öl erhitzen. Inzwischen alle anderen Zutaten in eine Schüssel geben und miteinander zu einem Teig verrühren. Ganz zum Schluß das heiße Öl zu der Masse geben und untermischen. Die Kartoffelmasse auf ein Backblech streichen und ca. 1 Stunde bei 180 °C backen, bis der Teig schön goldbraun geworden ist. Herausnehmen und etwas abkühlen lassen, damit der Auflauf nicht zerfällt.

Gegessen wird der Kartoffelauflauf noch lauwarm, am besten als Beilage zu Fleisch, aber auch allein oder mit anderen Beilagen schmeckt er sehr gut.

Historische Postkarte von Wehlau.
Hier hatte Hedwig 1926 von einer alten Köchin die Zubereitung von „Gefilte Fisch“ gelernt.

JOHANNISBURGER FISCHBÄLLCHEN
(wie „Gefilte Fisch“) um 1926

1 kg Fischfilet (Makrele oder ähnlicher Fisch) • 2 Zwiebeln • 3 Eier
4 TL Salz • 3 TL Zucker

Fischbrühe
Fischreste (Kopf, Gräten, Haut) • 2 Karotten • 2 Zwiebeln
Salz, Pfeffer • 1 ½ bis 2 l Wasser

☛ Zwei Zwiebeln schälen und in feine Würfel schneiden. Den Fisch filetieren, aber Kopf, Gräten und Haut aufheben. Das Filet durch den Fleischwolf drehen und nun mit den Zwiebeln, Eiern, Salz und Zucker gut verkneten.

Für die Brühe die Karotten und Zwiebeln schälen, klein würfeln. Das Wasser mit den Fischresten , Karotten- und den Zwiebelwürfeln in einen großen Topf geben. Nach Bedarf mit Salz und Pfeffer würzen und erhitzen.

Sobald das Wasser zu sieden beginnt, aus der pürierten Fischmasse mit feuchten Händen Fischbällchen formen. In das Wasser geben, nun für etwa 2 Stunden in der Brühe garziehen lassen.

Rezeptverzeichnis

Bild- und Quellennachweise

Bilder

Lore Jacobi, Jesewitz: S. 7 (Karte)
Privatarchiv Familie Gebauer, Gera: S. 8
Privatarchiv Edgar Schmidt, Haldensleben: S. 19, 22
Privatarchiv Familie Raksch: S. 29, 33
Privatarchiv Familie Hiebel-Münch, Halle/Saale: S. 40, 43
Privatarchiv Klaus Hardt, Berlin: S. 55, 58, 62, 63, 66
Privatarchiv Dorothea Ebert, Greiz: S. 68, 69, 70, 71 (re.), 74, 78, 80
Privatarchiv Heinz Possekel, Stuttgart: S. 71 (li.), 72, 73, 75 (li.), 76, 79
Privatarchiv Familie Nickel, Seelingstädt: S. 81, 84, 85, 87
Privatarchiv Herma Strehlow, Bad Kösen: S. 91, 96
Privatarchiv Hedwig Kluge, Greifswald: S. 103, 111, 116
Privatarchiv Ulf Hans Werner Wöbcke: S. 107, 108, 109, 110, 112, 113 (aus dem Buch: „Johannisburg in Ostpreußen. Straßen, Gebäude, Landschaft und Menschen um 1900-1945“, www.johannisburg-ostpreussen.de.vu)
Bildarchiv Ostpreußen (www.bildarchiv-ostpreussen.de): S. 10, 11, 13, 14, 20, 24 (oben), 31 (oben), 42, 47, 59, 61, 83, 94, 102
Sammlung Iptus: S. 93, 97, 99, 100
Verlagsarchiv: Cover, S. 2/3, 12, 16, 18, 21, 23, 24 (unten), 26, 31 (unten), 32, 34, 36, 37, 38, 39, 44, 45, 46, 50, 52, 57, 64, 65, 75 (re.), 82, 90, 95, 105, 106

Autor und Verlag danken herzlich allen Leihgebern.

Quellen

Trotz umfangreicher Bemühungen des Verlages konnten nicht mehr in allen Fällen die Rechteinhaber ermittelt werden. Begründete Rechtsansprüche sind dem Verlag bitte schriftlich mitzuteilen.

Ambrosius, Johanna: „Mein Heimatland“, in: Gedichte von Johanna Ambrosius. Hrsg. von Karl Schrattenthal, Königsberg: Ferd. Beyer Buchh., 1895.
Dönhoff, Marion Gräfin: Ein Kreuz auf Preußens Grab, in: DIE ZEIT, 20. 11. 1970.
Gause, Margarete: Privatarchiv.
Hannighofer, Erich: Land der dunklen Wälder. Das Ostpreußenlied. Hrsg. von Edith Brust, Bremerhaven: Romowe Verlag, 1969.
Kudnig, Fritz: Land der tausend Seen, Königsberg/München: Graefe und Unzer, 1935.
Lehndorff, Hans von: Ostpreußisches Tagebuch: Aufzeichnungen eines Arztes aus den Jahren 1945–1947, München: Beck, 2002.
Lehndorff, Hans von: Menschen, Pferde, weites Land: Kindheits- und Jugenderinnerungen, München: Beck, 2001.
Schmitz, Hannelore: Meine Wurzeln: Eydtkuhnen/Ostpreußen, Norderstedt: Books on Demand, 2009.
Sudermann, Hermann: Litauische Geschichten, darin: Die Reise nach Tilsit, Berlin: Deutsche Buch-Gemeinschaft, 1917.